CONFÉDÉRATION GÉNÉRALE
DU TRAVAIL

RAPPORTS

des Comités

et des Commissions

POUR L'EXERCICE 1904-1906

PRÉSENTÉS AU

XVᵉ CONGRÈS CORPORATIF

Tenu à Amiens, du 8 au 13 octobre 1906

SIÈGE SOCIAL :

MAISON DES FÉDÉRATIONS

33, rue de la Grange-aux-Belles

PARIS

CONFÉDÉRATION GÉNÉRALE
DU TRAVAIL

RAPPORTS

des Comités
et des Commissions

POUR L'EXERCICE 1904-1906

PRÉSENTÉS AU

XVᵉ CONGRÈS CORPORATIF

Tenu à Amiens, du 8 au 13 octobre 1906

SIÈGE SOCIAL :

MAISON DES FÉDÉRATIONS

33, rue de la Grange-aux-Belles

PARIS

RAPPORT
de la Commission de Contrôle

Aux Syndicats confédérés.

Fonctionnant conformément à la décision du Congrès de Bourges, votre Commission de contrôle a pu, dès sa constitution, établir un contrôle régulier et effectif des recettes et dépenses de notre organisation centrale.

La besogne fut délicate par suite de l'indifférence de plusieurs fédérations qui négligèrent d'envoyer un délégué à cette Commission, et de la multiplicité des caisses ; elle nous fut cependant facilitée par la clarté même de la comptabilité, clarté qui résulte de l'existence de livres spéciaux à chaque caisse particulière. Nous ne pouvons que confirmer et attester la sincérité et l'exactitude des rapports financiers dont les détails et l'ensemble vous sont fournis par le trésorier.

Pour conclure, la Commission de contrôle émet le vœu que, dans l'intérêt de son bon fonctionnement, un camarade de ladite Commission soit convoqué à toutes les réunions du Comité général, à titre d'auditeur, à seule fin de se rendre compte des dépenses votées par le Comité.

Fait à Paris, le 17 juin 1906.

Contrôleurs : Bidault ; Dassé ; Quemeneur ; Clolus ; Bidaret ; Boyot ; Guillou.

Le Secrétaire,
VIGNAUD.

Ont assisté à une séance : Blot, Fédération des Maréchaux remplaçant Brumeau, qui avait assisté à quatre séances.

Lefevre,	Fédération des Bijoutiers,	1 séance.
Boyot,	— des Travailleurs Municipaux,	4 —
Michelot,	— de l'Alimentation,	2 —
Desmoulin,	— des Lithographes,	2 —
Laffitte,	— des Charpentiers,	3 —
Gaillard,	— des Magasins de la Guerre,	3 —
Boulogne,	— des Préparat. en Pharmacie,	3 —
Durand,	— des Teinturiers,	3 —
Dassé,	— des Allumettiers,	6 —
Bidault,	— des Peintres,	6 —
Bidoret,	— de l'Ameublement,	6 —
Lacroix,	— du Livre,	.
Delamarre,	— des Chapeliers,	5 —
Quemeneur,	— des Chemins de Fer,	12 —
Clolus,	— des Transports et Manut.,	10 —
Guillou,	— de la Bourrellerie-Sellerie	9 —
Vignaud,	— des Coiffeurs,	17 —

Pour la Commission de contrôle :

Le Secrétaire :
VIGNAUD.

6767 E. — AMIENS. — IMPRIMERIE DU PROGRÈS DE LA SOMME.

Rapport du Comité confédéral

Les deux sections réunies.

CAMARADES,

En débutant, nous ne pouvons mieux faire que de reproduire certains passages des conclusions du rapport du Comité des Fédérations soumis au dernier Congrès.

Nous écrivions, parlant de la besogne accomplie :

« Les organisations peuvent apprécier cette besogne. Elles en ont les matériaux. Et de l'examen qu'elles feront, se dégagera l'importance du rôle qu'a joué notre organisation et de la situation qu'elle occupe.

« Un coup d'œil jeté, une simple comparaison établie entre ce que nous étions il y a peu d'années et ce que nous sommes aujourd'hui, diront qu'il y a un mouvement ouvrier réel très intense, dont l'action continue se répercute partout, attirant vers elle les regards comme les préoccupations de nos adversaires.

« Hier, notre organisation passait son chemin, ignorée de la foule comme des dirigeants, aujourd'hui elle apparaît comme un factum prépondérant..........

« Les syndicats qui, par leurs organismes généraux, ont su coordonner leur action, constituent des éléments nécessaires, parvenus à un degré de force, qui les classe, pour tous les esprits, comme les défenseurs naturels des travailleurs.

« La lutte contre les bureaux de placement a montré ce degré de force qu'il faudra développer par une plus grande intensité de propagande.

« *Ce sera l'œuvre de demain.* »

C'est de cette œuvre que nous allons parler, en essayant de montrer le chemin parcouru depuis le dernier Congrès.

Le Congrès de Bourges

Deux ans à peine se sont écoulés depuis le Congrès de Bourges ! Années bien vite passées pour qui songe à l'énorme besogne tracée par le Congrès !

Dix-huit mois d'une activité fiévreuse et sans arrêt, se poursuivant à travers des difficultés intérieures et extérieures, tel est l'héritage légué au Comité confédéral par le Congrès.

Le Congrès avait, par une résolution motivée, chargé le Comité de mener une agitation allant en grandissant et en s'intensifiant pour la réalisation de la journée de huit heures. Il avait décidé que, dans un court délai, une active et incessante propagande devait commencer pour prendre fin au 1er mai 1906, terme fixé pour entrer dans la période d'application de la dite réforme.

Il s'agissait, dans l'esprit du Congrès, d'amener le travailleur à conquérir, par son seul effort, une des revendications essentielles du monde ouvrier.

Créer, chez le salarié, un état d'esprit favorable à la réduction de la durée du travail, lui montrer les moyens de l'obtenir, l'entraîner par un mécanisme naturel dans un élan revendicatif, lui inculquer la ténacité et la persévérance dans l'effort, telles étaient les intentions du Congrès. C'était vouloir enlever le travailleur à son inaction, l'appeler à une compréhension plus juste de ses droits et le faire participer à sa propre libération.

En décidant une semblable agitation, le Congrès avait présent à l'esprit l'effort dépensé par les organisations syndicales en vue de faire disparaître les bureaux de placement payants, et il voulait donner à leurs préoccupations, un stimulant pour une tâche déterminée.

Et cette décision coïncidait avec la croissance du mouvement syndical qui, en se développant, suscitait dans l'esprit des travailleurs organisés, un désir et un besoin d'activité et de lutte.

Le Congrès a voulu exprimer, en les reflétant, ce désir et ce besoin.

Par lui, la classe ouvrière était mise à même de donner la mesure de sa vigueur : vigueur offensive et soutenue.

Contrairement à la campagne contre les bureaux de placement, l'agitation décidée à Bourges était le résultat d'une discussion survenant dans une période de calme et d'attente. Contre les bureaux de placement, luttèrent bien plus les événements que les volontés, que celles-ci n'eurent qu'à utiliser. En un mot, la campagne naquit des circonstances, tandis que l'agitation pour les huit heures naissait de la confiance en elles-mêmes qu'avaient acquises les organisations ouvrières.

Et cette confiance créatrice de volonté et d'énergie provenait de l'essor considérable de la Confédération générale du Travail dans ces dernières années. Pouvait-il en être autrement ? Nous ne le croyons pas. La caractéristique de la classe ouvrière de notre pays, née des traditions et du milieu, est de développer le champ d'action et d'étendre la limite des revendications immédiates au fur et à mesure qu'augmentent les forces ouvrières organisées. Est-ce un bien ? Est-ce un mal ? Qui voudrait répondre victorieusement à ces questions ? Disons simplement que c'est dans la lutte et par la lutte, que croît en force et en conscience le mouvement syndical auquel nous collaborons.

Ce qu'a voulu le Congrès

Le vigoureux mouvement du 1er mai dernier a-t-il répondu à ce que s'était proposé le Congrès de Bourges ? Oui, car il faut tenir compte de l'esprit autant que de la lettre de la résolution.

Sans doute, bien des esprits jugeront téméraire cette affirmation ! C'est parce qu'ils s'arrêteront plutôt à la rigoureuse lettre d'un texte ou d'une discussion, au lieu de tenir compte des mobiles qui l'inspirent et du but poursuivi.

Rappelons en peu de mots les conditions dans lesquelles fut abordée la discussion sur la journée de huit heures.

Tous les Congrès nationaux corporatifs, les Congrès fédéraux, s'étaient prononcés par des vœux pour le principe de la journée de huit heures. Là s'était arrêtée la besogne de tous les Congrès. Ceux-ci terminés, chacun retournait à l'atelier pour y séjourner de longues heures, car les vœux des Congrès constituaient sur ce point des manifestations sans portée immédiate de quelques travailleurs avides d'améliorations. La classe ouvrière, dans sa grande généralité, était hostile aux courtes journées. Elle voyait, dans ces courtes journées, une diminution de salaire par suite d'un raisonnement étrange : qu'à un grand nombre d'heures de travail correspondait un salaire élevé.

Néanmoins, les manifestations des Congrès avaient leur utilité ; elles marquaient, en l'aiguillant, une orientation vers un moindre effort pour chaque salarié. Mais, répétons-le, c'était plutôt à la partie de la classe ouvrière, imbue d'idées revendicatrices, que s'adressaient ces manifestations.

C'est qu'à tout militant, agité par des préoccupations sociales, il apparaît bien que la réduction de la journée de travail doit être placée au premier plan comme étant de nature à apporter au travailleur des avantages supérieurs. En effet, au point de vue social, mieux vaut lutter pour une courte journée que pour un salaire élevé. Ajoutons que le salaire élevé découle d'une courte journée.

Cependant, malgré les répugnances de la grande masse des travailleurs pour les courtes journées, grâce à l'effort des organisations, le nombre des grèves motivées par la réduction des heures de travail s'était accrue durant ces dernières années. Cette augmentation montre qu'en dépit d'un état d'esprit déplorable, la nécessité des plus courtes journées pénétrait les cerveaux. Pénétration bien lente, il est vrai ! et qui demandait, pour gagner en profondeur et en étendue, un immense effort.

Le Congrès a voulu donner cet immense effort, afin de répandre dans la grande masse ouvrière, les idées qui animent les militants et les organisations syndicales. Le problème à résoudre tout d'abord était donc, par une propagande vigoureuse, d'atteindre chez lui le travailleur resté étranger au mouvement syndical. Il fallait poser devant l'opinion publique ignorante, la question de la durée du temps de travail et la rendre sympathique à cette amélioration.

Là seulement, résidait l'obstacle à surmonter pour les syndicats désireux de tenter un effort en vue de la diminution des heures de travail.

Ce but a été atteint ! Et il était indispensable de l'atteindre afin que les travailleurs placent en tête de leurs revendications la question du temps du travail. De la sorte, sous le jeu des efforts ouvriers s'abaissera, pour le salarié, la durée du séjour quotidien dans l'atelier, l'usine, le chantier, le magasin, etc.....

Formulons, pour clore cette partie, le souhait de voir les organisations entrer résolûment dans la voie tracée par le Congrès.

Le repos hebdomadaire

Le Congrès, en confiant au Comité le soin de mener l'agitation pour les huit heures, l'avait chargé de la lutte pour le repos hebdomadaire. Il y avait, pour le Comité, une double besogne à accomplir : lutter pour la conquête des huit heures et pour le repos hebdomadaire.

Chez les travailleurs ne jouissant pas du repos hebdomadaire, ils étaient encore nombreux ceux qui n'en reconnaissaient pas toute la nécessité. Non pas parce que le travail ininterrompu leur agréait, mais parce que, accoutumé à ce genre de travail, ils ne concevaient pas une amélioration dans le sens d'un repos renouvelé et à date fixe. Là encore il s'agissait de transformer l'état d'esprit du travailleur. Ça été la tâche du Comité et des organisations plus particulièrement intéressées.

Cette double tâche, malgré la diversité du mode d'application, procédait du même esprit et tendait au même but : réduire pour l'ouvrier la durée du temps du travail et augmenter ses moments de loisir et de repos.

Par cette connexité, la propagande en faveur du repos hebdomadaire se répercutait sur celle relative aux huit heures et réciproquement. C'est en commun que travaillaient les ouvriers désireux de conquérir, qui le repos hebdomadaire, qui les huit heures.

Depuis longtemps déjà, un projet de loi sur le repos hebdomadaire attendait, dans les cartons, le bon vouloir des sénateurs. Il y a quelques mois, leur assemblée avait manifesté une vive répugnance pour la réforme. L'échec paraissait donc certain.

Les intéressés, forts de leurs droits, n'en poursuivaient pas moins le but désiré. L'agitation se continua à laquelle prirent part, sous des formes diverses, toutes les corporations ne jouissant pas d'un jour de repos par semaine. Les coiffeurs étaient à la veille de conclure des conventions avec les patrons pour la fermeture des magasins un jour sur sept, lorsque le Sénat, sous la pression de la classe ouvrière, votait la loi accordant à tous les salariés, sauf quelques exceptions, vingt-quatre heures de repos par semaine.

Notre intention n'est pas de discuter la loi. Il appartient aux corporations intéressées et au Congrès de se prononcer. Nous ne saurions donc empiéter sur leurs attributions.

Administration

Le Congrès de Bourges, pour faciliter et simplifier la besogne des trésoriers, décidait, si les ressources le permettaient, de confier à une seule personne les diverses comptabilités. De plus, la Commission de contrôle, formée de un délégué par fédération, ayant un siège à Paris, serait prise en dehors des membres du Comité.

Le Comité, eut donc, pour premier soin, d'examiner si les ressources permettaient de payer un fonctionnaire nouveau. Une somme de 250 francs était nécessaire. Les recettes et les dépenses de chaque section, la situation du journal, furent soumises au Comité. Les chiffres indiqués montraient que la nouvelle dépense serait un grand sacrifice, susceptible d'absorber les ressources si une augmentation des recettes ne se produisait.

Cependant, le Comité, soucieux de tenir compte du désir formulé par le Congrès, décida à l'unanimité la création d'une fonction nouvelle rétribuée et, dans une séance postérieure, le camarade Lévy, dont le rapport à Bourges avait été bien apprécié par la Commission de contrôle, fut désigné.

Cette nomination portait à quatre le nombre des fonctionnaires de la C. G. T. : le secrétaire de la section des Fédérations, celui de la section des Bourses, celui du journal et le trésorier.

Rappelons que chacune des sections paye sur sa caisse son secrétaire, la caisse du journal paye le sien ; quant au trésorier, il est payé par les deux sections et par le journal, soit 100 francs par chaque section et 50 francs par le journal.

La C. G. T. et la Bourse du Travail de Paris

Il est inutile de rappeler longuement les incidents de l'année 1905, relatifs à la Bourse du travail de Paris. La solution en appartient aux organisations y ayant leur siège. Si nous en parlons, c'est parce que le nouveau règlement régissant la Bourse ayant remis l'administration sous le contrôle du Préfet, celui-ci en profita pour tenter de paralyser la campagne menée par la C. G. T.

On était convaincu en haut lieu, d'après nous ne savons quels renseignements, que la C. G. T., ayant la jouissance gratuite de ses locaux et le bénéfice moral qui s'attachait à la Bourse du travail, trouvait là le moyen d'agir. Il fallait mettre fin, estimait-on en haut lieu, à cette sorte de patronage, en excluant de la Bourse la C. G. T. Le prétexte invoqué fut le numéro de la *Voix du Peuple*, publié à l'occasion du départ de la classe, et le dépôt de la vente du *Manuel du Soldat* dans la Bourse. L'administration préfectorale, maîtresse de la Bourse, en tolérant que l'immeuble servît de dépôt à la publication de feuilles anti-militaristes, se rendait, paraît-il, notre complice. Elle prétendit que cette propagande était contraire à l'esprit de la loi de 1884 sur les syndicats professionnels et, après avoir suggéré à la presse des sommations bruyantes, elle décida, le 12 octobre 1905, notre exclusion.

Le mieux était donc pour le Comité de se mettre chez lui, afin de recouvrer une plus grande liberté d'action, et un local provisoire fut loué ; immédiatement le déménagement s'opéra.

Avant même qu'il fut question d'exclusion, personnellement nous avions réuni quelques camarades dans le courant de septembre, afin de leur montrer le grand intérêt qu'il y avait à rechercher un immeuble dans lequel pourraient se réfugier les organisations.

Cette façon de voir fut acceptée, des mesures prises et la recherche d'un immeuble commença. Malheureusement, cette recherche fut laborieuse et, après bien des difficultés, un grand local était trouvé et loué pour une longue période. Il était temps, il était même un peu tard !

Une circulaire fut adressée aux Fédérations ayant leur siège à Paris, les avisant de la location faite. Il leur était offert une place moyennant une location à payer pour l'immeuble. Quelques Fédérations répondirent par l'affirmative, d'autres arguèrent de leur impossibilité d'assumer de nouvelles charges, les autres, enfin, ne répondirent pas à la circulaire.

La C. G. T. prit possession de son nouveau local, suivie par d'autres organisations. Comme celles-ci, la C. G. T. paye un loyer concordant avec l'emplacement occupé par elle. Ajoutons que les organisations ayant leur siège à la *Maison des Fédérations*, nom donné au local, viennent de monter une imprimerie pour la confection des travaux des organisations. Le bénéfice, le jour où le matériel sera payé, servira à faire vivre la *Maison des Fédérations*. Il reste à construire une immense salle à l'usage des organisations. Pour cette besogne, le concours des syndicats et des militants sera demandé sous peu. La *Maison des Fédérations* est convaincue que son appel sera entendu.

Pour parer au coup du préfet, et afin de ne pas diminuer, par les frais du local, la propagande confédérale, les quatre membres du bureau proposèrent d'abandonner, sur leurs appointements, la somme de 25 francs par mois, soit au total, 100 francs par mois. Ces 100 francs sont suffisants pour faire face aux dépenses nouvelles de la C. G. T.

Rapports internationaux

Les organisations ont pu suivre, par la *Voix du Peuple*, les incidents qui s'élevèrent lors de la Conférence internationale d'Amsterdam. Sur l'avis de convocation pour ladite Conférence, le Comité avait décidé de demander que fussent examinés à la Conférence, les points suivants : *Antimilitarisme, Grève générale* et *la Journée de huit heures.*

Le secrétaire du bureau international qui est aussi le secrétaire de la Confédération allemande, répondit que ces questions ne pouvaient être portées à l'ordre du jour, car elles sortaient du cadre de la discussion. Il est utile de reproduire la correspondance à ce sujet, échangée entre le Comité et le bureau international.

Paris, le 7 avril 1905.

Camarade C. Legien, secrétaire international, Berlin.

CAMARADE,

Le Comité confédéral, saisi de votre invitation pour la Conférence internationale qui se tiendra, à Amsterdam, le 25 juin prochain, m'a chargé de vous soumettre, avant toute décision, son désir de faire mettre à l'ordre du jour de cette Conférence, l'*Antimilitarisme* et la *Grève générale*, ainsi que la question de la *Journée de huit heures*.

Je dois vous rappeler que, il y a deux ans, les deux premières questions : l'*Antimilitarisme* et la *Grève générale* avaient été soumises par nous à la Conférence de Dublin. Nous eûmes le regret de constater qu'il ne fut pas donné suite à notre proposition. Or, vous comprendrez que si, cette année, il devait être fait un accueil aussi indifférent à nos propositions, notre présence à une Conférence où nous n'aurions pas voix au chapitre serait superflue. Nous aurions donc à examiner, dans ce cas, si nous devons ou non participer à ladite Conférence.

Nous n'avons pas la prétention de demander qu'on accepte les propositions que nous pouvons faire ; il suffit qu'on veuille nous entendre. Libre ensuite à chacun de donner aux idées émises et discutées la suite jugée bonne.

Agréez, camarade, nos fraternelles salutations.

Pour la Confédération générale du Travail, et par mandat, le secrétaire-adjoint

E. POUGET.

A cette lettre, le 22 avril, le camarade Legien répondait :

CAMARADES,

A mon avis, la Conférence des secrétaires des centres syndicaux n'est point l'endroit pour une discussion relative à la Grève générale ou à l'Antimilitarisme. Donc, je ne mettrai pas ces points à l'ordre du jour de la Conférence ; c'est à elle-même de se prononcer pour ou contre la discussion de ces questions.

Pourtant, votre organisation refusant de prendre part aux délibérations d'une Conférence qui n'admettrait point ces questions, il me semble préférable que la question de mettre ces points à l'ordre du jour soit examinée d'avance par les centres syndicaux.

Mais, pour leur poser cette question, j'attends votre consentement exprès ; veuillez donc me donner votre avis au plus tôt, et j'agirai selon votre désir, en soumettant aux centres votre proposition de mettre à l'ordre du jour les points suivants :

Antimilitarisme, Grève générale et *Journée de huit heures.*

Ayant reçu votre réponse, je ne tarderai pas de demander l'information nécessaire, si toutefois vous ne jugez pas mieux de remettre la décision à la Conférence même.

Agréez, camarades, nos fraternelles salutations.

C. LEGIEN.

Le 5 mai, par la lettre suivante, le camarade Pouget confirmait au Secrétaire international la résolution formelle du Comité confédéral :

CAMARADE,

En France, nous avons des relations internationales syndicales une conception particulière : nous prétendons qu'une Conférence internationale, telle que celle qui découle de l'affiliation des centres syndicaux au Secrétariat international doit avoir pour premier résultat un échange d'idées, afin que l'éducation de tous bénéficie de l'expérience de chaque pays.

D'où il suit que, à notre avis, toutes discussions ayant trait aux idées, tendances et tactiques diverses sont du ressort de la Conférence internationale. Et nous ne comprenons pas que vous, secrétaire international, vous vous arrogiez le droit de contrôle sur l'ordre du jour proposé à la Conférence. Chaque centre syndical doit avoir pleine liberté pour porter à la connaissance des autres centres, par voie de discussion à la Conférence internationale, les questions qu'il juge utile de soumettre à l'appréciation des camarades d'autres pays.

L'autonomie de chaque centre doit être complète, et un secrétariat qui s'arrogerait un droit de contrôle dépasserait ses fonctions. Cette observation, nous avons déjà eu l'occasion de vous la formuler lorsque, à propos de notre demande tendant à convoquer une Conférence internationale pour examiner l'attitude du prolétariat international en face de la guerre russo-japonaise, vous avez consulté les centres adhérents, en formulant, en même temps, une appréciation personnelle.

En ce faisant, vous sortiez de votre rôle de secrétaire international, et, à notre avis, aujourd'hui encore, vous l'outrepassez en déclarant que telles ou telles questions dépassent la compétence de la Conférence internationale.

Malgré cela, nous voulons bien, par esprit de condescendance, — tout en déclarant une telle consultation anormale, — que vous consultiez les organisations adhérentes sur les points que nous désirons être mis à l'ordre du jour. Nous vous prions, cependant, de faire cette consultation en évitant tout commentaire pouvant laisser percer votre opinion personnelle et indiquant que vous êtes opposé à la mise à l'ordre du jour des questions proposées par nous.

J'ajoute que notre décision, que je vous ai communiquée antérieurement, est formelle : si les questions suivantes : *Grève générale, Antimilitarisme, Journée de huit heures*, ne sont pas mises à l'ordre du jour de la Conférence internationale, nous aurons le regret de ne pas envoyer de délégués à Amsterdam, jugeant inutile d'offrir à des délégués un voyage de tel agrément que celui qu'ont subi nos délégués lors de la Conférence de Dublin.

Agréez, camarade, nos fraternelles salutations. *Le Secrétaire-adjoint* : E. POUGET.

Au reçu de la lettre ci-dessus, le camarade Legien adressait aux centres syndicaux affiliés, la lettre suivante, qu'il accompagnait de la correspondance échangée entre lui et la C. G. T· et que nous avons publiée ci-dessus :

CAMARADES,

La Confédération générale du Travail propose à la Conférence internationale des secrétaires des centres syndicaux, ayant lieu, le 23 juin, à Amsterdam, de discuter les questions suivantes :

L'Antimilitarisme ;
La Grève générale ;
La Journée de huit heures.

Pour motiver la proposition, j'ajoute ici la correspondance avec la Confédération.

Je vous prie de vouloir bien me faire parvenir immédiatement la décision de votre centre, pour que je puisse remettre la résolution prise sans délai aux camarades de France, ceux-ci ayant décidé de faire dépendre leur présence à la Conférence du contenu de cette résolution même.

Agréez nos fraternelles salutations. C. LEGIEN.

Les réponses des pays, parvenues, le secrétariat international nous adressa les résultats de la consultation dans une lettre qui ne nous parvint pas, l'adresse était incomplète. Elle revint à son envoyeur durant la conférence. Réexpédiée, elle arriva trop tard pour permettre au délégué de se rendre à Amsterdam.

Par la presse, le Comité connut les travaux de la Conférence. Le procès-verbal vient de nous être envoyé ces temps derniers.

La presse nous transmit une proposition de l'Allemagne, motivée par les incidents relatés plus haut. En voici le texte :

« Sont exclues des discussons toutes les questions théoriques et toutes celles qui ont trait aux tendances et à la tactique du mouvement syndical dans les différents pays.

« Les premières questions doivent être traitées par les Congrès ouvriers internationaux, les dernières doivent être décidées par les Congrès nationaux ».

Le procès verbal qui nous est envoyé par le bureau international, ne contient pas le deuxième paragraphe. Cependant, il ressort de la discussion relatée par le procès-verbal, que ce paragraphe fut discuté, et nulle part il n'en est fait mention. Le procès-verbal est contenu dans le 2° rapport international dont un exemplaire fut envoyé à chaque Bourse et à chaque Fédération.

Guerre à la guerre

Chacun a présent à l'esprit les événements du commencement de l'année. Un conflit international faillit éclater à propos du Maroc. Le Comité voulant faire connaître son sentiment, vota le texte qui suit, et il décida l'envoi d'un délégué à Berlin, comme il est indiqué plus loin.

Pour apprécier l'intérêt que présentait le manifeste, il faut se reporter au moment même où il fut lancé; Des modifications s'étant produites peu après dans la situation internationale pour des motifs qui n'échappent à personne.

CONFÉDÉRATION GÉNÉRALE DU TRAVAIL

Guerre à la guerre !

TRAVAILLEURS,

Demain peut-être nous serons en face d'un fait accompli : LA GUERRE DÉCLARÉE !

Depuis cinq ans, un parti colonial français dont Delcassé fut l'homme-lige, prépare la conquête du Maroc. Capitalistes et officiers poussent à l'invasion de ce pays. Les uns pour tripoter et s'enrichir, les autres pour ramasser dans le sang galons et lauriers.

L'Allemagne, capitaliste et militariste, désireuse d'avoir, elle aussi, sa part du butin, s'est interposée.

Les gouvernants allemands et français, fidèles serviteurs des intérêts capitalistes seuls en cause, ont élevé ces querelles entre agioteurs à l'état de conflit aigu.

Pour assouvir les appétits illimités de cette coalition d'intérêts, les dirigeants des deux pays sont prêts à lancer les unes contre les autres, les masses ouvrières d'Allemagne et de France.

Qui ne frémit à l'horreur de ces carnages ? Des millions d'hommes s'entrechoquant... fusils à tir rapide, canons et mitrailleuses accomplissant leur œuvre de mort...

Qui pourrait calculer les milliards gaspillés, arrachés au travail du paysan et de l'ouvrier ?...

Ce tableau n'a rien d'exagéré. Actuellement on arme dans les ports de guerre ; l'armée de terre est prête à partir.

En juin 1905, la déclaration de guerre ne fut évitée que par le départ de Delcassé. Depuis lors, la guerre est à la merci du moindre incident. *C'est tellement vrai que le 19 décembre 1905 l'ordre de rappel à l'ambassadeur d'Allemagne à Paris ayant été connu par le gouvernement français, les communications télégraphiques restèrent suspendues pendant quatre heures, afin que le ministre pût, si besoin était, lancer les ordres de mobilisation en toute célérité.*

La presse sait ces choses... et elle se tait.

Pourquoi ? C'est qu'on veut mettre le peuple dans l'obligation de marcher, prétextant d'HONNEUR NATIONAL, de guerre inévitable, parce que défensive.

Et de la conférence d'Algésiras, qu'on nous présente comme devant solutionner pacifiquement le conflit, peut sortir la guerre.

Or, *le peuple ne veut pas la guerre* ! S'il était appelé à se prononcer, unanimement il affirmerait sa volonté de paix.

La Classe ouvrière n'a aucun intérêt à la guerre. Elle seule en fait tous les frais, — payant de son travail et de son sang ! C'est donc à elle qu'il incombe de dire bien haut QU'ELLE VEUT LA PAIX A TOUT PRIX !

TRAVAILLEURS,

Ne nous laissons pas abuser par le mot : « Honneur national ». Ce n'est pas une lâcheté que de faire reculer la horde de financiers qui nous conduisent aux massacres.

D'ailleurs, en Allemagne comme en France, la communion d'idées est formelle sur ce point : *le prolétariat des deux pays se refuse à faire la guerre !*

Ainsi que nous, autant que nous, nos frères, les travailleurs d'Allemagne veulent la paix. Comme nous, ils ont horreur des tueries. Comme nous, ils savent qu'une guerre, en satisfaisant les intérêts capitalistes, est préjudiciable à la cause de l'Emancipation ouvrière.

Donc, par notre action commune et simultanée, forçons nos gouvernements respectifs à tenir compte de notre volonté :

Nous voulons la paix ! Refusons-nous à faire la guerre !

LE COMITÉ CONFÉDÉRAL.

Ce texte fut imprimé à des milliers d'exemplaires et adressé aux Bourses et aux syndicats isolés. C'est avec sympathie que les organisations accueillirent cet appel, car les demandes furent si nombreuses qu'elles nécessitèrent plusieurs tirages supplémentaires.

Le secrétaire confédéral partait à Berlin pour proposer aux camarades allemands l'organisation d'une démonstration internationale, simultanée à Berlin et à Paris. Dans l'affirmative, le délégué devait inviter la Confédération allemande à envoyer des délégués à Paris pour prendre la parole dans cette démonstration et il avait mandat de mettre à la disposition des allemands, des délégués français pour la manifestation de Berlin.

Le délégué a noté, dans la *Voix du Peuple*, n° 277, le résultat de ses démarches. Les camarades allemands opposèrent un refus motivé : la législation impériale ne permettant pas aux syndicats de semblables manifestations, car il y aurait danger pour les organisations qui seraient dissoutes.

Le Comité, en prenant connaissance de ces résultats, après discussion, décida qu'il y avait lieu, le bureau international étant sans intérêt, de continuer à solder les cotisations mais à ne plus avoir de rapports réguliers.

Par cette décision, le Comité entendait affirmer la nécessité d'un lien international, sans vouloir collaborer à un travail fait uniquement de paperasses et de statistiques, d'autant que les organisations françaises ne répondaient pas, en majorité, aux demandes de renseignements alimentant ces paperasses et ces statistiques.

Le droit syndical

Ces derniers mois, les ouvriers et employés de l'Etat se sont vus contester, par leur patron, le droit de se syndiquer. Les intéressés, pour vaincre les résistances, s'étaient décidés à l'action. Malgré l'Etat, un syndicat de facteurs et un d'instituteurs furent organisés. Le Gouvernement n'osa pas les dissoudre, mais il refusa tout rapport en vue de solutionner les points corporatifs intéressant ces catégories.

Un Comité formé des organisations de tous les travailleurs de l'Etat et des communes fut constitué à l'effet de mener la propagande, afin de vaincre les résistances du Gouvernement et du Parlement. De nombreuses réunions furent organisées, une propagande active fut menée.

Le secrétaire confédéral participa à cette agitation et le soin d'organiser les manifestations du 28 janvier lui fut confié. Ce jour-là, plus de soixante réunions eurent lieu dans des villes différentes, appelant les travailleurs de l'Etat et des communes à revendiquer le droit syndical.

Satisfaction ne leur a pas été donnée encore. Il est question d'amalgamer la loi de 1884 et la loi sur les associations. Que peut-il sortir de cet amalgame ? Rien de bon, à notre avis. Disons en terminant que, lorsque les instituteurs auront un fort groupement national, de même que les facteurs, ils auront, ce jour-là, con quis, les uns et les autres, le droit au syndicat.

La coopération

Le Comité fut saisi par la *Bellevilloise*, coopérative parisienne, d'une demande d'entrevue. Celle-ci eût lieu, et les délégués de la coopérative soumirent une proposition, Après discussion et pour la clore, la résolution suivante fut adoptée. Elle donnait satisfaction au Comité et à la coopérative : « Le C. C., saisi par la « *Bellevilloise* d'une proposition relativement à la situation faite à une coopé-« rative remplissant les conditions syndicales, par une grève générale de la cor-« poration à laquelle appartiennent les ouvriers occupés par elle ;

« Déclare s'en rapporter aux organisations syndicales pour tenir compte, « dans leur lutte, de tout élément de succès que peut leur procurer une coopé-« rative donnant satisfaction à ses ouvriers sur les points, objet de la grève, « par des avantages matériels, sous forme de soupes communistes et autres « concours. »

L'agitation

Nous avons à résumer le travail accompli par la Commission nommée par le Comité confédéral pour organiser la propagande et l'agitation. Cette Commission fut formée peu de temps après le Congrès de Bourges.

Au début même de l'agitation, le Comité fut frappé de l'attitude prise par certaines organisations, relativement à la résolution de Bourges. Ces organisations ne se gênaient nullement pour critiquer et discréditer. Leur but était de rendre impossible — ou tout au moins de le paralyser — un mouvement prêt à commencer. Aux difficultés inhérentes à l'agitation elle-même, allaient s'ajouter les obstacles que des organisations sèmeraient à dessein.

Pour mettre fin à cette campagne de dénigrement, le Comité décida d'envoyer un questionnaire aux Bourses et aux Fédérations, qui ferait connaître par les réponses, les organisations désireuses de prêter un concours à la C. G. T. Ce concours devait se manifester de plusieurs façons. Le questionnaire les indiquait. En même temps, la Commission se mettait à l'œuvre. Après avoir rédigé les affiches relatives aux huit heures et au repos hebdomadaire, elle lançait un nouvel appel aux organisations en vue d'alimenter l'agitation.

Certaines votèrent des versements initiaux, d'autres des cotisations mensuelles. Le rapport financier donne les renseignements à ce sujet.

Voici l'affiche pour les huit heures, elle fut tirée à plus de 100.000 exemplaires.

CONFÉDÉRATION GÉNÉRALE DU TRAVAIL

Nous voulons la journée de 8 heures.

Camarades de travail !

La réduction à **huit heures** de la durée de travail est une des plus constantes préoccupations de la classe Ouvrière. La nécessité de cette amélioration a été démontrée souvent et avec abondance de preuves.

La réduction de la durée de travail s'impose tant au point de vue Physique, que Moral et que Social

Au point de vue physique, il est de toute évidence que les longues journées surmènent l'organisme et le prédisposent à des maladies nombreuses.

Au point de vue moral, les longues journées sont terriblement pernicieuses ; elles ravalent l'être humain au rôle végétatif de bête de somme, entravent l'épanouissement de ses sentiments, l'empêchent de se créer un intérieur, d'aimer, de penser ! Puis encore, les longues journées prédisposent à l'alcoolisme qui avcuit la race et nous rend plus dociles à l'exploitation capitaliste.

Au point de vue social, la diminution de la journée de travail a, pour conséquence immédiate, l'atténuation du chômage, — une des plus hideuses plaies qu'engendre la production incohérente sous le régime capitaliste.

Donc, il y a **intérêt personnel** *et* **intérêt social** *— c'est-à-dire INTÉRÊT DE SOLIDARITÉ — à réduire le plus possible la durée du travail.*

En effet, chacun de nous, outre le bénéfice immédiat et personnel qui découle de la réduction des heures de travail, a la satisfaction de s'associer à une besogne de solidarité : *en travaillant moins nous-mêmes, nous créons, pour nos frères sans travail, la possibilité d'embau-che, à l'atelier ou à l'usine.* D'autre part un moindre labeur élève notre dignité, nous rend plus conscients, plus forts et, par conséquent, plus aptes à défendre nos intérêts sociaux et préparer l'émancipation intégrale.

Ainsi il est de toute nécessité de **CONQUÉRIR LA JOURNÉE DE HUIT HEURES** et aussi son corrolaire logique **LE REPOS HEBDOMADAIRE**

Aujourd'hui encore, des corporations entières, principalement celles qui servent d'intermédiaires entre le producteur et le consommateur (ouvriers de l'alimentation, employés, coiffeurs, cochers, garçons de magasin, etc., etc., etc.), sont traitées en parias et astreintes à fournir des journées de 12 à 15 heures, souvent même 18 heures de travail quotidien pour ces corporations, la

Conquête du Repos hebdomadaire

est un acheminement vers celle de la journée de **huit heures**.

L'une implique l'autre ! Et c'est justement cette concordance inéluctable qui solidarise les intérêts de tous les travailleurs et fait que l'intérêt des uns n'est que la répercussion des intérêts des autres.

Que faut-il faire ?

C'est la question qui s'est posée au Congrès corporatif de Bourges.

Devons-nous, comme on a eu trop tendance à le faire, continuer à nous en reposer sur le bon vouloir des législateurs ?

Non ! De nous-mêmes doit venir l'amélioration à notre sort ! Les libertés ne se mendient pas : elles s'arrachent de haute lutte !

Donc, en conclusion, le Congrès de Bourges décida d'indiquer une date (assez éloignée pour que nous puissions tous nous mettre d'accord), et il a été convenu qu'à partir de cette date les travailleurs ne devront pas consentir à travailler plus de huit heures. Les huit heures ac-complies, ils sortiront des ateliers, des usines, abandonneront les chantiers, signifiant ainsi au Patron leur volonté de n'être plus exploités — en attendant mieux — que huit heures par jour.

Comme de juste, à la réduction de la durée de travail ne devra pas correspondre une réduction de salaire, ni une augmentation du prix des produits. Nous voulons que l'amélioration conquise soit réelle. Cela va dépendre de nous. Pour qu'elle le soit, il faut qu'elle comporte une réduction des privilèges capitalistes.

La date choisie est celle du 1er mai 1906, donc

A partir du 1er Mai 1906, nous ne ferons que huit heures !

Camarades ! Il ne s'agit pas d'attendre que d'autres s'occupent de notre sort. C'est à chacun de nous d'agir. L'effort doit venir d'en bas, de tous, de partout !

Agissons ! Agissons sans trêve ni répit ! Faisons chacun de la propagande dans notre milieu ! Que, dès maintenant, tous les Syndicats se préoccupent d'imposer la journée maximum de Huit Heures dans leur corporation ! Que dans tous les centres, que dans toutes les Bourses du Travail se forment des comités d'agitation pour les Huit heures !... Et, par nos efforts concordants et infatigables, nous créerons un courant d'opinion qui brisera toutes les résistances !

Vouloir, c'est pouvoir !

Voulons donc la journée de Huit heures... et nous l'aurons !

Mais, ne nous y trompons pas : la conquête de la journée de Huit heures n'est qu'un acheminement vers un but plus grandiose. Ce que nous poursuivons, c'est l'abolition de l'exploitation humaine La bataille sociale ne peut finir que quand l'expropriation capitaliste accomplie, le peuple sera maître de ses destinées.

LE COMITÉ CONFÉDÉRAL.

Voici celle ayant trait au Repos hebdomadaire tirée à 50.000 exemplaires.

CONFÉDÉRATION GÉNÉRALE DU TRAVAIL

Le repos hebdomadaire pour tous les salariés !

TRAVAILLEURS !

Des catégories entières de nos camarades. — Employés, Coiffeurs, Ouvriers de l'Alimentation, des Transports, etc., — sont encore privés d'un jour de repos par semaine.

C'est monstrueux et révoltant ! Il y a là une inégalité, aussi choquante pour ceux qui sont astreints à travailler le dimanche, que pour ceux qui se reposent ce jour-là !

Il faut que cela cesse ! C'est la moindre des choses que tous, tant que nous sommes, après avoir triné six jours à l'enrichissement d'un patron, nous ayons une journée à nous !

Les camarades privés du *Repos hebdomadaire* s'agitent pour le conquérir. Ils agissent ! Ils ne mendient pas cette réforme : par l'ACTION SYNDICALE, ils veulent la réaliser.

Déjà, dans bien des centres, des résultats partiels ont été arrachés au Patronat. De plus, sous la pression consciente des travailleurs intéressés, le Parlement qui, depuis dix ans, laissait un projet de loi en chantier, s'est enfin décidé à légiférer sur le *Repos hebdomadaire*. Le Sénat, appelé à se prononcer, triture, amende, rogne, avec tout le mauvais vouloir qui le caractérise.

CAMARADES,

Que ces premiers résultats nous soient un stimulant ! Redoublons d'efforts !

Il ne suffit pas que les travailleurs intéressés agissent. Il est indispensable qu'ils soient vigoureusement appuyés dans leur action pour la conquête de cette amélioration primordiale, par ceux qui en bénéficient déjà.

Il faut que la Classe ouvrière soit solidaire ! Il faut que, toute entière, elle exige :

UN REPOS ININTERROMPU D'UN MINIMUM
DE TRENTE-SIX HEURES PAR SEMAINE.

Donc, que les patrons réfractaires au Repos hebdomadaire le sachent : l'Action solidarisée de tous les Travailleurs s'exercera contre eux, par des manifestations populaires, par le *Boycottage*, par le *Sabottage*.

Qu'ils sachent aussi que le vote d'une loi sur le *Repos hebdomadaire* ne nous satisfera pas. Nous savons que les lois ouvrières restent lettre morte, si les travailleurs n'en imposent pas l'application.

C'est pourquoi nous agirons, — toujours et quand même !

Puis, après avoir arraché de haute lutte le Repos hebdomadaire, nous nous trouverons, — travailleurs de toutes les corporations, — unis en un bloc compact, pour conquérir la *Journée de Huit heures*, qu'au 1er *Mai* 1906 nous imposerons au Patronat.

LE COMITÉ CONFÉDÉRAL.

La première de ces affiches fut tirée en circulaires à 400,000 exemplaires.

Des étiquettes gommées furent également imprimées. La vente — on ne put, à la dernière heure, faire face à toutes les demandes — s'éleva à 6 millions.

Une première brochure fut éditée et vendue à 150,000 exemplaires.

Une deuxième spéciale au bâtiment, fut vendue à 50,000 exemplaires.

Une troisième fut éditée en avril dernier et écoulée à 20,000 exemplaires.

Une quatrième, sur la demande de la Fédération des Blanchisseurs et relative à cette profession très limitée, fut tirée à 5,000 exemplaires.

Des réunions nombreuses furent organisées dans le pays ; partout se manifesta une activité sans égale. En lisant les ordres du jour des réunions corporatives, on y lisait : la journée de huit heures ou le repos hebdomadaire. Il nous serait impossible de donner, même approximativement, le nombre des réunions et des meetings de propagande tenus.,

Disons que rien ne fut ménagé par la Commission pour donner à l'agitation le plus d'étendue et de vigueur possible.

En décembre dernier, une tournée comprenant plus de 80 villes fut organisée.

Une affiche spéciale fut rédigée et envoyée en province, ainsi que celles des huit heures et du repos hebdomadaire, éditées dans les premiers jours de l'agitation. Avec elles partaient les brochures publiées, ainsi que celles ayant trait au repos hebdomadaire, éditée par la Fédération des Coiffeurs.

En avril, c'était une deuxième tournée opérée dans les mêmes conditions.

Ajoutons à cela une affiche particulière aux paysans du Midi, sur la journée de 6 heures. Elle est la reproduction, sauf quelques modifications de celle pour les huit heures. Deux délégués étaient partis pour parcourir les centres vignerons du Cher et de la Nièvre.

Qui oserait affirmer, aujourd'hui, que toute cette besogne n'a pas porté ses fruits ? Et cependant, malgré l'activité déployée dans des milieux et dans des corporations, encore au dernier moment, bien des camarades doutaient. Les uns, parce qu'ayant été adversaires au premier jour de l'agitation, ne croyaient pas à son succès, d'autres, en voyant approcher le terme fixé, étaient enclins à des hésitations causées par la crainte d'un échec.

Nous ne pouvons mieux faire pour cette partie, que d'inviter les camarades à se reporter aux procès-verbaux de la Conférence des Fédérations, des 5 et 6 avril dernier. Ils y puiseront bien des enseignements. C'est pour cette raison que nous nous abstenons de tout long exposé sur cette Conférence.

Ouverte le 5, la conférence se clôtura le 6 au soir, après avoir adopté l'ordre du jour suivant :

CONFÉDÉRATION GÉNÉRALE DU TRAVAIL

Résolution de la Conférence des Fédérations.

La Conférence des Fédérations corporatives, après examen de l'active propagande faite depuis 18 mois, en conformité avec la résolution du Congrès de Bourges tendant à la conquête de la journée de huit heures ; après avoir entendu, tant des Bourses du Travail que des Fédérations, l'exposé de leurs situations respectives, appelée à délimiter dans quelles formes l'action doit s'ouvrir, décide :

D'engager les travailleurs à dresser — si ce n'est déjà chose faite — leurs cahiers des revendications portant sur la diminution du temps du travail et sur toutes autres améliorations particulières à leur corporation pour être soumis aux patrons, leur fixant un délai qui ne devra pas dépasser le 1er mai 1906 ;

D'inviter les travailleurs à participer, le jour du 1er mai, à un chomage de solidarité qui sera une manifestation de la puissance d'action du prolétariat organisé.

D'autre part, la Conférence indique aux organisations comme mode d'action pour la réalisation de leurs cahiers de revendications les deux formes suivantes :

Ou bien la cessation du travail la huitième heure accomplie — ou bien arrêt complet du travail le 1er mai jusqu'à satisfaction.

Dans le premier cas, les travailleurs, les huit heures faites, quitteront l'usine, l'atelier ou le chantier. Dans le second cas, c'est la grève se poursuivant jusqu'à complète satisfaction.

Entre ces deux tactiques, la Conférence laisse le choix aux organisations qui auront pu s'inspirer des nécessités de leur milieu. Mais elle leur rappelle que la diminution du temps de travail ne doit pas entraîner une diminution du salaire.

La Conférence compte sur l'activité des militants et des organisations ouvrières pour apporter au mouvement tous leurs efforts et leur rappelle que les résultats acquis seront proportionnés à l'énergie déployée. Elle compte aussi que les travailleurs élèveront leur conscience à la hauteur de leurs intérêts et que, dans un puissant et solidaire effort, ils arracheront au patronat un peu de mieux-être et de liberté.

Le 1er Mai

On connaît la campagne faite par un journal réactionnaire. Des articles rendus sensationnels par un savant dosage de citations et de nouvelles, allait nous aider dans notre besogne. Le gouvernement prit peur. De là, les mesures arbitraires qui suivirent. La grève des mineurs se prolongeant au grand désespoir des compagnies et de nos démocrates dirigeants, provoqua des incidents dont la justice allait se servir. Des arrestations nombreuses furent opérées. Le camarade Monatte, de notre Comité, était du nombre des incarcérés.

La justice, ayant perquisitionné chez lui, prétendit avoir trouvé des documents démontrant qu'entre la C. G. T. et la réaction, existait un accord. D'autres perquisitions eurent lieu chez des camarades et dans les bureaux de la C. G. T. Le Parquet recherchait la provenance des fonds de l'organisation confédérale. Rien ne fut trouvé. Les livres de comptabilité étaient en lieu sûr, mais les brouillards et les carnets à souche furent mis sous les yeux du commissaire. Il ne releva rien.

Trois jours après, la veille du 1er mai, c'était — dans le but de compromettre la C.G.T., — l'arrestation du secrétaire et du trésorier confédéral. S'inspirant de l'exemple de 1899, lors de la grève du bâtiment, le pouvoir espérait par cette manœuvre, arrêter le mouvement, en lui donnant des origines et des intentions suspectes. Si les travailleurs se laissaient prendre, c'était l'agitation étouffée, d'où pour la bourgeoisie et pour nos dirigeants républicains, la tranquillité désirée.

Que l'on songe à la frayeur qui s'empara de la bourgeoisie ! Ce fut une fuite amusante des capitaux, émigrant à l'étranger au nom du patriotisme le plus pur. Ce fut l'entassement de provisions dans les caves, obligeant par la suite leurs courageux propriétaires, à une digestion laborieuse pour leurs délicats estomacs. Qui dépeindra ces journées vécues, la peur des bourgeois, leur crétinisme et leur lâcheté ! Il y a là matière à séduire un esprit doté d'une plume alerte. Le Ministre de l'Intérieur nous ménage peut-être cette surprise. Dans ce cas, nous demanderons avec lui à son collègue de l'Instruction publique, la permission de répandre dans les écoles son œuvre d'historien.

A Paris, dans certaines villes de province, la manifestation fut imposante. Les travailleurs y participèrent nombreux. Il serait difficile d'en indiquer le nombre. Ce qui est à retenir, c'est que jamais semblable effervescence ne s'était produite. La classe ouvrière, sous l'impulsion des organisations ouvrières actives, se levait pour réclamer plus de repos et plus de loisirs.

Disons-le, les événements du jour et ceux qui suivirent, allaient étonner et surprendre bien des camarades ; soit qu'ils fussent sympathiques ou non au mouvement.

Les grèves qui éclatèrent le 2 mai furent nombreuses. Nous allons les énumérer et s'il nous arrive d'en omettre une, on voudra nous excuser, car il est possible de faire un oubli ou de commettre une erreur dans l'exposé de faits si nombreux et d'un enchevêtrement si compliqué.

La Fédération du Livre avait, au 18 avril, afin de profiter des circonstances favorables pour son industrie, fait la mise-bas pour les ouvriers travaillant dans les maisons refusant les conditions de travail élaborées par les syndicats. Dans plusieurs villes, les patrons accédèrent aux demandes des ouvriers, dans d'autres villes, il fallut recourir à la grève. A Paris, la grève fut importante. Il reste, au moment où nous écrivons, encore des grévistes: à Paris, ils sont plus de 500. C'est la grève qui aura le plus duré.

Puis, le 25 avril, à Paris, les bijoutiers et orfèvres partaient à leur tour. Trois semaines après, le travail était repris moyennant quelques satisfactions accordées par le patronat. Ajoutons que, pour ces corporations, le meilleur moment n'était pas arrivé, c'est au mois d'octobre et suivants que le travail battant son plein, la lutte eût été préférable.

Le 2 mai, ce sont les ouvriers de la voiture, les terrassiers, les charpentiers, les menuisiers, les peintres, les maçons et tailleurs de pierres, les monteurs levageurs, les lithographes, qui se mettaient en grève. Les imprimeurs-conducteurs et certaines catégories du papier avaient suivi la corporation des typos. L'ameublement, comprenant les ébénistes, les sculpteurs, les menuisiers en siège, etc., partait lui aussi. C'était, au bas mot, pour ces corporations, un chiffre de plus de 150,000 grévistes.

D'autres grévistes vinrent grossir ce chiffre ; c'étaient les métallurgistes, comprenant les mécaniciens, les mouleurs en cuivre, les ferblantiers, les ouvriers du bronze, les chaudronniers en cuivre, etc. Leur chiffre, pour le département de la Seine, dépassa 50,000.

C'est dans plusieurs de ces corporations que se produisirent les faits les plus curieux. L'Union des Mécaniciens, peu de jours avant le 1er mai, dans une réunion, avait déclaré qu'il n'y avait pas lieu de faire grève, la corporation n'étant pas prête. De son côté, le syndicat des métallurgistes qui compte des mécaniciens, avait fait de la propagande en faveur de l'agitation. Ce dernier étant moins nombreux, il semblait que la corporation ne bougerait pas. Le contraire se produisit. Les non-syndiqués, tant de Puteaux que d'ailleurs, déclarèrent les premiers la grève et celle-ci fut conduite en dehors de toute intervention officielle des organisations. Les syndiqués étaient hostiles à la grève, les non-syndiqués la déclaraient. Nous nous garderons de tout commentaire susceptible d'être mal interprété. Nous exposons simplement les faits.

En province, l'agitation fut moins intense que nous l'avions espéré. A Lorient, la grève fut générale durant plusieurs jours. A Hennebont, la grève dure au moment où nous écrivons. A Brest, l'arbitraire s'exerça sans autre limite que le bon vouloir ministériel. Le 4 mai, la Bourse était fermée, dix-huit camarades choisis parmi les plus militants, étaient incarcérés. A Rosières, dans le Cher, plus de 600, à Montluçon, plus de 3,000 métallurgistes entraient en conflit. Là, encore, le pouvoir montra son profond mépris des travailleurs, en mettant toutes ses forces de répression à la disposition des patrons. Dans d'autres localités, les grèves surgirent. Nous ne pouvons en donner la liste, ce serait trop long. Déjà notre rapport s'allonge plus que ne le permet la place dont nous disposons.

Nous abrègerons en nous bornant à signaler que la plupart des conflits durèrent de longues semaines. La classe ouvrière fit montre d'une énergie et d'une persévérance insoupçonnées pour d'aucuns.

Bien des considérations se dégagent du mouvement. Nous voudrions que les militants aient pu saisir toute la valeur sociale des faits auxquels nous avons participé. C'est là le seul moyen d'acquérir le sens de la lutte qui fait encore défaut. Ce qu'on ne saurait trop répéter, c'est que c'est dans les agitations de cette nature et de cette ampleur que le sens de la lutte qui manque, se développera.

Qu'il nous soit permis d'indiquer les réflexions que nous ont suggéré les dix-huit mois de propagande et une lutte de plusieurs semaines.

2

Très peu de camarades escomptaient le mouvement qui s'est produit et cela pour plusieurs raisons.

D'abord, parce que les militants, peu accoutumés à des mouvements d'ensemble, ne s'étaient pas fait une idée exacte des moyens à employer pour intensifier et rendre fructueuse la propagande. Malgré les soins de la Commission des huit heures, les efforts manquaient de cohésion. Puis, et c'est là le plus grand défaut, les organisations attendaient de l'organisme confédéral, toutes les indications sur la besogne à faire. Il est même possible d'ajouter que des ouvriers attribuaient à la C. G. T. le pouvoir d'édicter une mesure générale pour tous les patrons, les obligeant à réduire la journée de travail. C'était se tromper étrangement ! La C. G. T. ne constitue pas un gouvernement capable de décider de telle réforme et, à aucun moment, elle ne peut substituer son effort et sa volonté à l'effort et à la volonté des travailleurs. Ces derniers se sont donnés une organisation les reliant localement et nationalement pour intensifier et coordonner la force de propagande qui réside en eux. Mais cette force de propagande ne peut être exercée que par eux et pour eux.

Il appartenait à chaque Bourse et à chaque Fédération d'agir dans son milieu, en faisant converger, grâce à l'organisation confédérale, ses efforts vers le même objet. Le travailleur agissant dans son syndicat, celui-ci dans sa Bourse et dans sa Fédération, et ces dernières dans la C. G. T. pour la meilleure utilisation de nos ressources et de nos efforts.

Mais, à aucun moment, l'un de ces facteurs ne pouvait attendre de l'autre la réalisation de la besogne lui incombant. Il fallait une propagande de chacun faite sur le même plan, marchant de front pour aboutir à un résultat désiré par tous. Chaque corporation avait à traiter du problème posé, selon qu'il se présentait, pour ses membres, dans la production à laquelle ils sont astreints ; les questions d'ordre corporatif et technique se solutionnent dans les organismes fédéraux, pour se mélanger et se fondre dans le groupement général des travailleurs.

Certes, espérer que du premier coup, la perfection serait atteinte eût été naïf et bien sot ! La classe ouvrière, dans son œuvre de libération, a besoin de s'aguerrir et, pour y parvenir, il lui faut lutter. Ce qu'il importe ! C'est que tout effort d'amélioration apporte un progrès dans notre expérience de la lutte, et qu'au fur et à mesure de son développement, notre initiative et notre vigueur en soient fortifiées.

C'est assez parlé de ce point de notre rapport. Pour conclure, retenons trois choses. D'une part, que le Gouvernement a été un excellent auxiliaire pour nous ; il a fait la besogne que son rôle lui assigne et sur laquelle nous comptions. Elle entrait dans le cadre de nos moyens d'action. C'est ainsi, qu'en décembre dernier, lors de l'interpellation à la Chambre, sur l'antimilitarisme dans les Bourses du Travail, nous avions demandé au citoyen Sembat de provoquer, de la part du Gouvernement, une bonne déclaration de guerre. La tournure académique prise par la discussion la prolongeant, le ministère était renversé avant son épuisement. Nous ne pûmes obtenir ce que nous désirions.

La presse suppléa à l'interpellateur ; le gouvernement eût la frousse et les hommes qui le composent, réputés si forts, ne se bornant pas à des mesures de préservation sociale, — au point de vue bourgeois s'entend, — allèrent jusqu'à l'arbitraire en accentuant l'œuvre réactionnaire de tous les ministères précédents.

D'autre part, que, malgré l'hostilité de plusieurs organisations, l'indifférence de bien d'autres, l'absence d'une préparation étudiée et arrêtée chez d'aucunes, les syndicats ont donné une réelle preuve de vigueur et d'énergie. La démonstration est faite que le jour où chacun voudra apporter sa part d'effort, de grandes réformes seront devenues réalisables.

Et qu'ensuite, dans tout événement, il y a toujours une part d'imprévu qui doit entrer en ligne de compte lorsqu'on dresse des prévisions et des pronostics.

Nous avons compté sur le Gouvernement, sur nous-mêmes et sur l'imprévu, autant de facteurs nécessaires dans les circonstances du moment. Et, s'il était permis de formuler un regret, nous ajouterions que davantage eût pu être fait par nous tous. Il suffisait de vouloir.

Arrêtons-nous là !

Nous avons essayé de donner un aperçu du mouvement et nous avons voulu provoquer chez le travailleur d'utiles réflexions. L'avenir dira si nous avons été compris et approuvé.

Affaires diverses

Mais cette besogne n'a pas empêché le Comité de faire face à d'autres besoins. Les grèves de Limoges motivèrent de sa part un appel qui fut affiché dans le pays par les soins des Bourses du Travail, contenant une protestation contre les faits qui marquèrent cette grève.

Les mesures prises par des municipalités à l'égard des Bourses de leur localité, provoquèrent une protestation qui fut également adressée à toutes les Bourses.

Lors de la discussion du projet de loi sur les retraites ouvrières, une affiche fut éditée rappelant la résolution du Congrès de Lyon et contenant le texte de l'ordre du jour du Comité confédéral (juillet 1901).

Peu de temps après, nouvelle protestation contre l'application, par le Gouvernement, des lois scélérates aux camarades poursuivis à l'occasion du numéro de la *Voix du Peuple* relatif au *Conseil de revision*.

Nous aurions voulu reproduire les textes de ces protestations, car elles constituent autant de documents utiles à conserver, mais c'eut été beaucoup trop allonger le rapport.

La Commission des grèves et de la grève générale

L'agitation pour les huit heures constituant une absorbante préoccupation pour les organisations et les sous-comités de grève générale, le Comité décida de suspendre le fonctionnement de la caisse de la Commission des grèves et de la grève générale, jusqu'après le 1er mai 1906, afin de ne pas gaspiller les ressources des organisations.

CONCLUSIONS

Il nous reste à finir ce long rapport. Nous le ferons en peu de mots.

Les organisations connaissent le travail du Comité accompli depuis le Congrès de Bourges. Aussi est-ce avec confiance qu'il attend leur décision au prochain Congrès.

L'œuvre de cette période de deux ans est la continuation de l'œuvre soumise aux derniers Congrès. C'est dire que le Congrès d'Amiens estimera comme nous, qu'avec des ressources aussi limitées que celles dont nous disposions, tout le possible a été fait.

Pour le Comité confédéral,

Le Secrétaire :

V. GRIFFUELHES

RAPPORT FINANCIER

DE LA

Commission de propagande des 8 Heures

Etat par Fédérations et Bourses du Travail
des souscriptions et cotisations du 20 Décembre 1904 au 31 Mai 1906.

Fédérations. — Agricoles, 102 fr. ; Alimentation, 108 fr. ; Allumettiers, 177 fr. ; Ardoisiers, 500 fr. ; Ameublement, 352 fr. ; Artistes musiciens, 10 fr. ; Bâtiment, 247 fr. ; Bijouterie, 485 fr. ; Bûcherons, 147 fr. 50 ; Céramique, 45 fr. ; Carriers, 10 fr. ; Charpentiers, 360 fr. ; Chapellerie, 10 fr. ; Coiffeurs, 220 fr. ; Chemins de fer, 200 fr. ; Cuirs et peaux, 161 fr. ; Culinaire, 40 fr. ; Employés, 59 fr. ; Fourrure, 105 fr. ; Galochiers, 10 fr. ; Gantiers, 5 fr. ; Guerre, 100 fr. ; Habillement, 165 fr. ; Lithographie, 629 fr. ; Livre, 43 fr. ; Maçonnerie, 502 fr. 75 ; Modeleurs-mécaniciens, 125 fr. ; Marine, 447 fr. ; Mineurs, 720 fr. ; Maréchaux, 48 fr. ; Menuisiers, 21 fr. ; Travailleurs municipaux, 133 fr. ; Mouleurs, 21 fr. ; Métallurgistes, 1.456 fr. 95 ; Mécaniciens, 35 fr. ; Papier, 64 fr. ; Ports et docks, 5 fr. ; Presses typo, 6 fr. ; P. T. Téléphones, 111 fr. ; Peintres, 275 fr. ; Sellerie-bourrellerie, 90 fr. ; Tabacs, 50 fr. ; Textile, 338 fr. ; Teinturiers, 25 fr. ; Transports, manœuvres et manutentions diverses, 80 fr. ; Transports, 214 fr. 25 ; Verriers, 193 fr. ; TOTAL : 9.240 fr. 45.

Syndicats isolés, 237 fr. 40 ; Individuelles, 59 fr. 70 ; Diverses collectes, réunions et conférences, 188 fr. 30. — TOTAL : 485 fr. 40.

Bourses du travail. — Brest, 170 fr. ; Paris, 1.000 fr. ; Macon, 10 fr. ; Rochefort, 185 fr. ; Roubaix, 50 fr. ; Vichy, 25 fr. ; Moulins, 23 fr. ; Montpellier, 50 fr. ; Vierzon, 78 fr. ; Limoges, 60 fr. ; Bagnères-de-Bigorre, 17 fr. ; Arles, 90 fr. ; Constantine, 25 fr. ; Tarare, 20 fr. ; Cholet, 50 fr. ; Saint-Nazaire, 15 fr. ; Clermont-Ferrand, 10 fr. ; Rennes, 150 fr. ; Besançon, 40 fr. ; Narbonne, 10 fr. ; Boulogne-sur-Mer, 53 fr. ; Orléans, 15 fr. ; Alençon, 5 fr. 35 ; Villefranche, 30 fr. ; Saint-Denis, 2 fr. 25 ; Cette, 20 fr. ; Béziers, 10 fr. ; Thiers, 5 fr. ; Angers, 40 fr. ; Perpignan, 45 fr. ; Bédarieux, 2 fr. ; Albi, 36 fr. ; Biarritz, 20 fr. ; Marseille, 100 fr. ; Rive-de-Gier, 8 fr. ; Lorient, 285 fr. ; Mehun-sur-Yèvre, 18 fr. ; Angers, 40 fr. ; Grenoble, 25 fr. ; Agen, 24 fr. ; Le Vimeu, 5 fr. — TOTAL : 2.875 fr. 60.

Récapitulation. — Fédérations .... 9.240 fr. 45
                      Divers   485   40
                      Bourses 2.875   60
                                          _____
                                          12.601 fr. 45

Pour éviter une trop longue nomenclature, nous avons totalisé par Fédérations les versements des syndicats. Pour les Bourses du travail, ce sont les versements effectués par elles-mêmes.

Bilan de la Commission des Huit Heures du 20 Décembre 1904 au 31 Mai 1906

RECETTES		DÉPENSES	
Cotisations régulières d'organisations	6.725 15	Correspondance. . . .	773 40
Souscriptions d'organisations	5 876 25	Délégations	5.239 20
		Divers et postaux . . .	2.504 20
Souscriptions individuelles	98 40	Imprimés.	10.565 65
Vente de brochures 8 heur.	4.659 50	Main-d'œuvre, travaux divers.	1.225 05
Vente de brochure du batiment . . ' . . .	400 50	Indemnité du Secrétaire .	920 »»
Vente, étiquettes, timbres, affiches, etc, ...	4.165 55		21.227 80
		En caisse au 31 mai 1906.	608 55
	21.936 35		21.926 35

Dépenses

La correspondance comprend les dépenses d'affranchissement du Secrétaire de la Confédération et du Secrétaire de la Commission des huit heures, les envois de reçus et de circulaires divers ; avis ; affiches ; convocations ; télégrammes ; envois de documents, etc., etc.

Délégations. — Lemoux à Auxerre, Nevers, 25 fr ; Tesche à Montceau, 15 fr. ; Bousquet à Reims, 30 fr. ; Luquet au Havre, supplément, 8 fr. ; Antourville à Toulouse, Bordeaux, Angers, Poitiers, Tours, 50 fr. ; Jacoby à Grenoble, 66 fr. 55 Yvetot, à Fougères, Angers, Le Mans, 30 fr. 50 ; Robert, tournée du Nord, 201 fr. 15 ; Klemzinski, tournée de l'Est, 173 fr. 35 ; Marie, tournée du Midi, 320 fr. 75 ; Merrheim, tournée du Centre et Midi, 205 fr. 70 ; Lemoux, tournée de Bretagne, 191 fr. 10 ; Desplanques, tournée du Midi, 324 fr. 25 ; Niel, tournée du Midi, 176 fr. 90 ; Jacoby, tournée du Midi, 180 fr. 50 ; Nicolet, chez les bûcherons du Cher, 200 fr. 65 ; Merzet, tournée du Nord et du Pas-de-Calais, 241 fr. 90 ; Bron, tournée du Midi, 162 fr. 50 ; Bron, 2me tournée du Midi, 67 fr. 70; Félix Roche, tournée fédération habillement, notre part, 35 fr. 35; Niel, conférence Toulouse, 29 fr. 70 ; Merrheim à Lorient, Hennebont, 50 fr. 35 ; Merzet, Loire, Gard, Aveyron, 172 fr. 15 ; Lemoux, chez les bûcherons du Cher, 150 fr. ; Delaisi, enquête en Franche-Comté, 100 fr. ; Merzet, chez les mineurs, 129 fr. 80 ; Bruon, tournée du Centre, 230 fr. 10 ; Lévy à Montceau-les-Mines, 63 fr. 70 ; Marck à Dunkerque et Armentières, 91 fr. 50 ; Alibert à Nemours, 4 fr. ; Desjardins au Havre, 48 fr. ; Marck à Boulogne-sur-Seine, 2 fr. ; Klemzinski à Levallois-Perret, 5 fr. ; Lemoux, tournée de l'Ouest, 206 fr. 90 ; Bled à Saint-Claude, 40 fr. ; Conches à Brest, 120 fr. ; Grangier à Saint-Etienne, 88 fr. ; Victor, Centre et Midi, 202 fr. 35 ; Bron, Midi, 73 fr. 50 ; Dret, Sud-Est, 96 fr.; Lenoir à Castres, 75 fr. ; Cléret à Rochefort-sur-Mer, 72 fr. 40 ; Dret, diverses délégations, 25 fr. ; Jacoby, tournée de Bretagne, 175 fr. ; Beausoleil, tournée du Midi, 266 fr. 65.

Pour certaines délégations, les organisations ont payé soit le séjour, soit le chemin de fer.

Divers et postaux. — Expéditions d'affiches ; imprimés ; brochures ; achat de registres ; papiers d'emballage ; fournitures diverses, etc.

Imprimés. — Numéro exceptionnel de la *Voix du Peuple*, 258 fr. 45 ; étiquettes gommées, 2,494 fr. 75 ; affiches diverses, 2,515 fr. ; timbres, 325 fr. 45 ;

chansons, 145 fr. 55 ; circulaires, 1,329 fr. 95 (une de ces circulaires a été tirée à 300,000 exemplaires) ; brochures 8 heures et bâtiment, 3,109 fr. 20 ; brochure Fédération des blanchisseurs, 185 fr., et le reste des imprimés divers, factures, appels, étiquettes pour colis, etc.

Main-d'œuvre et travaux divers. — Paiement de nombreux services de pliage, mise sous bandes d'affiches et circulaires ; confections de colis postaux ; services de bandes et d'enveloppes ; affichages.

Indemnités aux secrétaires. — 7 mois à 80 fr. au camarade Delesalle, et 3 mois à 120 fr. au camarade Robert.

Le Trésorier,

A. LÉVY.

RAPPORT

DU

Comité des Fédérations Nationales

CAMARADES,

Dans notre rapport du dernier Congrès (Bourges 1904), nous avions, par suite du développement de notre organisation, pu nous déclarer satisfait du changement qui s'était opéré durant l'exercice que le rapport clôturait.

Les événements de cette dernière période nous permettent d'enregistrer de nouveaux progrès, tant par l'augmentation du nombre d'organisations adhérentes que par l'étendue de la propagande faite et l'intensité de l'action accomplie.

Il nous paraît inutile de nous arrêter longuement sur nos travaux. Le rapport qui précède donne, sur l'œuvre réalisée, les indications nécessaires. Nous ne pourrions que tomber dans des redites. Il nous suffira de montrer les changements opérés, nous en rapportant aux camarades pour tirer des exposés, que la place rend trop restreints, tout l'intérêt qu'ils dégagent.

Nous nous bornerons à dire à ce début que l'utilité et l'importance des Fédérations nationales sont incontestables. L'esprit le plus prévenu ne saurait se cantonner dans l'isolement volontaire. Il trouve place dans ces organismes nationaux, s'il veut réellement coopérer à la lutte ouvrière.

Désignation du Bureau et des Commissions

Conformément aux règles des précédentes élections, le Comité constitua le Bureau et les Commissions de la façon suivante :

Le camarade Griffuelhes, des Cuirs et Peaux, comme Secrétaire ; Pouget, des Mineurs, comme Secrétaire-adjoint.

La Commission du journal fut formée des camarades : Dellesalle, Latapie, Lenoir, Luquet, Pouget et Robert.

La Commission des grèves et de la grève générale fut formée des camarades : Bousquet, Desjardins, Dubéros, Gentric, Morice, Tabard.

A ces douze camarades s'en adjoignaient douze autres désignés par le Comité des Bourses, pour former ensemble les dites Commissions.

Situation confédérale. — Adhésions

Par le tableau ci-dessous, nous donnons la liste des organisations fédérales adhérentes lors du dernier Congrès et celles qui le sont aujourd'hui, à la date du 1er juin 1904 et du 1er juillet 1906.

Organisations adhérentes
au 1er juin 1904

1. Féd. des trav. Agric. du Midi.
2. Féd. nat. des trav. de l'Alimentation.
3. Féd. nat. des Allumettiers.
4. Féd. nat. de l'Ameublement.
5. Féd. nat. des Artistes-Musiciens.
6. Féd. du Bâtiment.
7. Féd. de la Bijouterie-Orfèvrerie.
8. Féd. des synd. ouv. des Blanchisseurs.
9. Féd. nat. des ouv. Brossiers et Tablettiers.
10. Féd. nat. des synd. de Bûcherons.
11. Féd. nat. des ouv. Carriers.
12. Féd. nat. de la Céramique.
13. Féd. des synd. ouv. de la Chapellerie française.
14. Féd. nat. des Charpentiers.
15. Synd. nat. des trav. des Chemins de Fer.
16. Féd. nat. des synd. de Coiffeurs.
17. Féd. nat. des synd. ouv. de la Confection militaire.
18. Synd. nat. des Correcteurs.
19. Féd. des chamb. synd. de Coupeurs et Brocheurs en chaussures.
20. Féd. nat. des Cuirs et Peaux.
21. Féd. Culinaire.
22. Féd. nat. des Employés.
23. Féd. nat. des ouv. et ouv. des Magasins administratifs de la Guerre.
24. Féd. nat. du personnel civil des établissements de la Guerre.
25. Féd. nat. des synd. de l'Habillement.
26. Féd. Lithographique.
27. Féd. des trav. du Livre.
28. Féd. nat. des synd. de la Maçonnerie.
29. Féd. de la Maréchalerie.
30. Féd. nat. des trav. réunis de la Marine de l'Etat.
31. Féd. des ouv. Mécaniciens.
32. Féd. des ouv. Menuisiers.
33. Union féd. des ouv. Métallurgistes.
34. Section nat. des trav. sur Cuivre.
35. Union féd. des ouv. Mineurs.
36. Féd. des ouv. Modeleurs-Mécaniciens.

Organisations adhérentes
au 1er juillet 1906

1. Féd. des trav. Agric. du Midi.
2. Féd. nat. des trav. de l'Alimentation.
3. Féd. nat. des Allumettiers.
4. Féd. nat. de l'Ameublement.
5. **Féd. nat. des Ardoisiers.**
6. Féd. nat. des Artistes-Musiciens.
7. Féd. du Bâtiment.
8. Féd. de la Bijouterie-Orfèvrerie.
9. Féd. des synd. ouv. des Blanchisseurs.
10. Féd. nat. des ouv. Brossiers et Tablettiers.
11. Féd. nat. des synd. de Bûcherons.
12. Féd. nat. des ouv. Carriers.
13. Féd. nat. de la Céramique.
14. Féd. des synd. ouv. de la Chapellerie française.
15. Féd. nat. des Charpentiers.
16. Féd. nat. des trav. des Chemins de Fer.
17. Féd. nat. des synd. de Coiffeurs.
18. **Féd. des Chauffeurs, Conducteurs, Mécaniciens, Electriciens, Automobilistes, etc.**
19. Féd. nat. des synd. ouv. de la Confection militaire.
20. Féd. nat. des Cuirs et Peaux.
21. **Féd. des Dessinateurs de France.**
22. **Féd. nat. de l'Eclairage.**
23. Féd. nat. des Employés.
24. **Féd. des ouv. Ferblantiers-Boitiers.**
25. **Féd. nat. des ouv. Gantiers de France.**
26. Féd. nat. des ouv. et ouv. des Magasins administratifs de la Guerre.
27. Féd. nat. du personnel civil des établissements de la Guerre.
28. Féd. nat. des synd. de l'Habillement.
29. **Féd. nat. des ouv. Horticoles.**
30. Féd. Lithographique.
31. Féd. des trav. du Livre.
32. Féd. nat. des synd. ouvr. de la Maçonnerie.
33. Féd. de la Maréchalerie.
34. Féd. nat. des trav. réunis de la Marine de l'Etat.
35. **Féd. nat. des synd. Maritimes.**
36. Féd. des ouv. Mécaniciens.

Organisations adhérentes
au 1er juin 1904
(SUITE)

37. Féd. des Mouleurs en métaux.
38. Féd. des Industries du Papier.
·39. Féd. nat. des synd. de Peinture.
40. Féd. nat. des Ports et Docks.
41. Synd. nat. des ouv. des Postes, Télégraphes et Téléphones.
42. Féd. des ouv. d'art et employés des Poudreries et Raffineries.
43. Féd. nat. des ouv. Sabotiers et Galochiers.
44. Féd. des synd. de la Sellerie-Bourrellerie.
45. Féd. nat. des ouv, et ouv. des Manufactures de Tabacs.
46. Féd. ouv. de la Teinturerie-Apprêt.
47. Féd. nat. de l'Industrie textile.
48. Féd. franç. des trav. du Tonneau.
49. Féd. nat. des Transports.
50. Féd. nat. des corp. réunies des Transports et Manutentions.
51. Féd. des trav. Municipaux et Départementaux.
52. Féd. nat. des Verriers.
53. Féd. nat. des synd. et groupes ouv. de la Voiture.

Organisations adhérentes
au 1er juillet 1906
(SUITE)

37. Féd. des ouv. Menuisiers.
38. Union féd. des ouv. Métallurgistes.
39. Union féd. des ouv. Mineurs.
40. Féd. des ouv. Modeleurs-Mécaniciens.
41. Féd. des Mouleurs en métaux.
42. Féd. des Industries du Papier.
43. Féd. nat. des synd. de Peinture.
44. **Féd. nat. des Pelletiers-Fourreurs, Lustreurs, Coupeurs de poils, etc.**
45. Féd. nat. des Ports et Docks.
46. Synd. nat. des ouv. des Postes, Télégraphes et Téléphones.
47. Féd. des ouv. d'art et employés des Poudreries et Raffineries.
48. **Féd. nat. des ouv. des Poudreries et Raffineries.**
49. **Féd. nat. des trav. des Presses typographiques.**
50. Féd. nat. des ouv. Sabotiers et Galochiers.
51. Féd. des synd. de la Sellerie-Bourrellerie.
52. Féd. nat. des ouv, et ouv. des Manufactures de Tabacs.
53. Féd. ouv. des Teinturiers-dégraisseurs.
54. **Féd. ouv. de la Teinture, apprêts et parties similaires.**
55. Féd. nat. de l'Industrie textile.
56. Féd. franç. des trav. du Tonneau.
57. Féd. nat. des Transports.
58. Féd. nat. des corp. réunies des Transports et Manutentions.
59. Féd. des trav. Municipaux et départementaux.
60. Féd. nat. des Verriers.
61. Féd. nat. des synd. et groupes ouv. de la Voiture.

Ce tableau montre que trois organisations ont disparu. Ce sont : le Syndicat national des Correcteurs, rentré dans la Fédération du Livre ; la Fédération des Coupeurs, Brocheurs en chaussures, rentrée dans la Fédération des Cuirs et Peaux ; la section du Cuivre, rentrée dans l'Union fédérale des Ouvriers Métallurgistes. Une quatrième, la Fédération Culinaire, a été suspendue pour les raisons indiquées plus loin.

Douze fédérations nouvelles ou anciennes ont fait leur adhésion. Ce sont : la Fédération des Ardoisiers (nouvelle) ; la Fédération des Chauffeurs-Conducteurs, Mécaniciens, etc. (réadmise) ; la Fédération des Dessinateurs (nouvelle) ;

la Fédération de l'Eclairage (nouvelle) ; la Fédération des Ferblantiers-Boîtiers (ancienne) ; La Fédération des Gantiers (ancienne) ; la Fédération Horticole (nouvelle) ; la Fédération des Syndicats Maritimes (ancienne) ; la Fédération des Pelletiers-Fourreurs, Lustreurs, etc. (nouvelle); La Fédération des ouvriers des Poudreries (ancienne) ; la Fédération des Presses typographiques (nouvelle) ; la Fédération de la Teinture-Apprêt (nouvelle).

, A ces organisations, il faut ajouter les Syndicats des Scieurs et Mouluriers à la mécanique d'Angers, Hermes, Lyon et Paris, qui forment une section. Le Comité n'a pu, à son grand regret, constituer une fédération par suite du trop petit nombre de syndicats de cette catégorie. Furent également admis durant cet exercice, le Syndicat des Tordeurs d'huile de Dunkerque, ceux des Marins-Pêcheurs de Cette, de Mèze, et le Syndicat de la main-d'oeuvre exceptionnelle des Postes, Télégraphes et Téléphones.

Les quatre organisations disparues du registre confédéral, ramènent le chiffre des Fédérations adhérentes, lors du Congrès dernier, à 49. Les douze organisations ayant adhéré depuis, portent ce chiffre à 61.

Le nombre des Fédérations adhérentes étant de 61, soit une augmentation de 8 unités dans la période de deux ans.

Pour mémoire, rappelons que, en 1902, le nombre des Fédérations nationales était de 30, soit dans une période de quatre ans, une augmentation du double : 61 au lieu de 30.

Ces chiffres, à eux seuls, montrent le chemin parcouru, et ils prouvent l'empressement apporté par les syndicats à se relier, par l'organe de leur Fédération nationale, à l'organisme confédéral. Mais ces chiffres seraient néanmoins incomplets si nous n'y ajoutions les chiffres du tableau qui va suivre.

Nous rappelons que la Fédération des Chauffeurs-Conducteurs, Mécaniciens et Automobilistes, avait été suspendue en 1901 par le Comité, parce que son président avait participé à la création de la Bourse indépendante, qualifiée de Jaune. Le Congrès de Lyon de la même année avait changé la suspension en radiation.

En août 1904, cette organisation avait demandé sa réadmission, prétextant que les individus pour lesquels elle avait été radiée, avaient disparu, chassés de l'organisation. Le Comité, à ce moment, ne crût pas être en mesure de donner satisfaction à l'organisation précitée ; certains de ses actes légitimant, sinon une suspicion, tout au moins une réserve.

En février de l'année courante, nouvelle demande de réadmission, coïncidant avec une demande d'admission adressée à l'Union des Syndicats de la Seine, par le Syndicat de Paris, au sein duquel sont pris les membres du Comité fédéral de l'organisation nationale. L'Union des Syndicats ayant admis, après enquête, le Syndicat, le Comité ne pouvait que s'en rapporter à la décision de l'Union, et il vota la réadmission de la Fédération des Chauffeurs-Conducteurs, etc., à partir du 1er mars.

Situation fédérale

Voici le tableau donnant le nombre des Syndicats appartenant aux Fédérations pour quatre périodes, correspondant à la publication des répertoires qui contiennent la nomenclature des organisations confédérées :

	Juillet 1902	Janvier 1903	Avril 1904	Juillet 1906
1. Féd. Agricole du Midi..................	.	.	96	106
2. Féd. de l'Alimentation.................	43	45	49	62
3. Féd. des Allumettiers	.	.	.	6
4. Féd. de l'Ameublement.................	41	45	49	50

	Juillet 1902	Janvier 1903	Avril 1904	Juillet 1906
5. Féd. des Ardoisiers	.	.	.	.
6. Féd. des Artistes-Musiciens	.	.	25	24
7. Féd. du Bâtiment	.	8	34	94
8. Féd. de la Bijouterie-Orfèvrerie	8	10	6	15
9. Féd. des Blanchisseurs	.	4	4	4
10. Féd. des Brossiers-Tablettiers	.	.	12	11
11. Féd. des Bûcherons	.	40	63	85
12. Féd. des Carriers	.	.	6	6
13. Féd. de la Céramique	19	20	20	24
14. Féd. de la Chapellerie	31	31	27	30
15. Féd. des Charpentiers	.	.	15	15
16. Synd. des Chemins de Fer	152	152	156	178
17. Féd. des Coiffeurs	8	20	30	35
18. Féd. des Chauffeurs-Conducteurs, etc	.	.	.	8
19. Féd. de la Confection militaire	.	.	9	10
20. Féd. des Cuirs et Peaux	34	38	54	64
21. Féd. des Dessinateurs	.	.	.	4
22. Féd. de l'Eclairage	.	.	.	.
23. Féd. des Employés	28	29	36	85
24. Féd. des Ferblantiers-Boitiers	.	.	.	.
25. Féd. des Gantiers	.	.	.	6
26. Féd. des Magasins de la Guerre	.	.	15	16
27. Féd. des Etablissements de la Guerre	.	.	19	23
28. Féd. de l'Habillement	.	.	.	45
29. Féd. Horticole	.	.	.	10
30. Féd. des Syndicats maritimes	.	.	.	48
31. Féd. Lithographique	27	28	28	39
32. Féd. du Livre	161	159	159	180
33. Féd. de la Maçonnerie	40	48	91	122
34. Féd. de la Maréchalerie	13	13	8	7
35. Féd. de la Marine	.	.	9	9
36. Féd. des Mécaniciens	20	40	42	54
37. Féd. des Menuisiers	.	.	16	22
38. Union des Métallurgistes	111	121	148	173
39. Union des Mineurs	.	.	10	21
40. Féd. des Modeleurs-Mécaniciens	.	.	6	7
41. Féd. des Mouleurs	86	88	91	79
42. Féd. du Papier	12	13	22	24
43. Féd. de la Peinture	12	20	34	40
44. Féd. des Pelletiers	.	.	.	8
45. Féd. des Ports et Docks	21	23	34	60
46. Synd. des P. T. T	88	93	93	94
47. Féd. des Poudreries	.	.	.	.
48. Féd. des ouv. d'art des Poudreries	.	.	.	.
49. Féd. des Presses typographiques	.	.	.	.
50. Féd. des Sabotiers-Galochiers	.	.	10	16
51. Féd. de la Sellerie-Bourrellerie	7	11	10	9
52. Féd. des Tabacs	.	.	23	25
53. Féd. des Teinturiers-Dégraisseurs	.	.	6	6
54. Féd. de la Teinture	.	.	.	.
55. Féd. du Textile	16	48	93	114
56. Féd. du Tonneau	.	.	12	47

	Juillet 1902	Janvier 1903	Avril 1904	Juillet 1906
57. Féd. des Transports....................	.	.	.	33
58. Féd. des Transports et Manutentions......	.	.	12	29
59. Féd. des Trav. Municip. et Départem......	.	.	.	34
60. Féd. des Verriers......................	.	8	22	49
61. Féd. de la Voiture....................	19	23	30	33
Totaux	1043	1220	1792	2399

Par ces quatre chiffres « totaux », on constate une augmentation constante du nombre des syndicats confédérés. Depuis le dernier Congrès, l'augmentation est de 607 syndicats. Depuis celui de Montpellier, le nombre a plus que doublé, soit de 1043 à 2,399. C'est là, dans une période de quatre ans, un progrès énorme, nous pourrions dire prodigieux.

En 1904, trois organisations n'avaient pas donné leur effectif ; il est aujourd'hui de 112 syndicats, qui font une augmentation réelle de 495.

Dans ce chiffre, rentre l'effectif des Fédérations nouvellement adhérentes, soit 84 syndicats, et l'augmentation des Fédérations confédérées à cette époque, pour un chiffre de 411. Faisons observer que 7 Fédérations n'ont pas donné la liste de leurs syndicats adhérents.

Ces chiffres peuvent se passer de commentaires, ils expliquent le rôle important que joue la C. G. T.

Demandes d'adhésion repoussées

La Fédération des Chauffeurs-Mécaniciens des Chemins de fer (dite Guimbert, du nom de son fondateur), ne fut pas admise comme faisant double emploi avec le Syndicat national des Chemins de fer. De plus, il faut ajouter que les statuts et le caractère de cette organisation ne cadraient pas avec le mouvement syndical défini dans nos Congrès.

La Fédération des Employés du contrôle des Tramways de la Seine ne fut pas acceptée, parce que ne remplissant pas les conditions nécessaires. Les contrôleurs de tramways étant assimilables à des contremaîtres, le Comité ne pouvait accepter un groupement de cette catégorie. Le Syndicat des Journalistes professionnels fut également refusé. Le Comité estima que la profession de journaliste était peu précisée et n'assurait pas à ses membres l'indépendance morale. Il en fut de même pour le Syndicat national des Employés de coopératives. Ce Syndicat est formé de travailleurs venus de toutes les corporations et que les circonstances ou les nécessités ont fait employés de coopératives. Cette origine ne saurait être méconnue, a pensé le Comité ! De là, pour chacun de ces travailleurs, le devoir d'appartenir au Syndicat de sa profession. Si le travailleur est employé à la vente, il doit appartenir au Syndicat des employés de diverses catégories, s'il est boulanger, il doit appartenir au Syndicat des boulangers.

Organes corporatifs fédéraux

Afin de compléter les renseignements contenus dans les tableaux qui précèdent, il nous faut noter que le nombre des organes corporatifs des Fédérations confédérées, a augmenté. De 20 il s'est élevé à 25.

Voici les noms des Fédérations qui possèdent un organe :

Agricole, Alimentation, Ameublement, Bijouterie, **Bûcherons**, **Céramique**,

Chapellerie, Chemins de fer, Coiffeurs, Cuirs et peaux, Employés, **Gantiers,** Habillement, **Horticole,** Lithographie, Livre, Maréchalerie, Mécaniciens, Métallurgie, Mouleurs, Papier, Postes, Télégraphes et Téléphones, Tabacs, Verriers, Voiture.

Les cinq nouveaux appartiennent aux Fédérations suivantes : Agricole (nouveau), Bûcherons (nouveau), Céramique (nouveau), Gantiers (ancien), Horticole (nouveau).

Propagande. — Activité fédérale

Le Comité eût à faire face à de nombreuses demandes de délégués pour aller parler dans des réunions syndicales, tant en province qu'à Paris. Les frais furent toujours à la charge des organisations. Nous n'en donnerons pas la liste. Ce serait fastidieux.

De nombreuses Fédérations manifestèrent le désir de voir un délégué confédéral assister à leur Congrès. Il fut donné satisfaction à toutes les demandes. Comme nous l'avons déjà dit, le rôle des délégués n'est pas d'intervenir dans la marche de la Fédération qui tient son Congrès. Il doit simplement donner les renseignements qui peuvent lui être demandés, se bornant à apporter, par sa présence, une marque toute morale de sympathie et de solidarité pour les délégués des organisations ouvrières, de la part de la C. G. T.

Voici la liste des Congrès avec le nom du délégué confédéral :

Congrès de l'Habillement, à Grenoble (août 1904) ; délégué : Griffuelhes.
Congrès des Peintres, à Grenoble (fin août 1904) ; délégué : Pouget.
Congrès des Bûcherons, à Auxerre (4 septembre 1904) ; délégué : Griffuelhes.
Congrès de la Maçonnerie, à Clermont-Ferrand (mai 1905) ; délégué : Latapie.
Congrès des Sabotiers, à Châteauroux, (juin 1905) ; délégué : Dubéros.
Congrès du Bâtiment, à Narbonne (juin 1905) ; délégué Bousquet.
Congrès des Verriers, à Rive-de-Gier (septembre 1905) ; délégué : Delesalle.
Congrès des Bûcherons, à la Guerche (septembre 1905) ; délégué : Dumas.
Congrès des Mineurs, à Decazeville (mars 1906) ; délégué : Griffuelhes.
Congrès des Peintres, à Saint-Quentin (avril 1906) ; délégué : Sauvage.
Congrès de la Céramique, à Limoges (juillet 1906) ; délégué : Griffuelhes.
Congrès de la Chapellerie, à Chazelles-sur-Lyon (juillet 1906) ; délégué : Griffuelhes.

Manifestation protestataire organisée par le Syndicat national des Postes, Télégraphes et Téléphones, à Lyon (avril 1905) ; délégué : Luquet.

—o—

D'autres Fédérations nationales tinrent des Congrès pendant cette période de deux ans. Les voici énumérées :

Allumettiers (septembre 1904), à Paris.
Alimentation (septembre 1904), à Bourges.
Verriers (septembre 1904), à Blangy.
Horticole, constitution (décembre 1904), à Paris.
Confection militaire (avril 1905), à Toulouse.
Ports et Docks (mai 1905), à Bordeaux.
Chemins de fer (mai 1905), à Paris.
Mineurs (mai 1905), à Paris.
Marine de l'Etat (juin 1905), à Paris.

Céramique (juin 1905), à Montereau.
Livre (juin 1905), à Lyon.
Lithographique (juin 1905), à Saint-Etienne.
Magasins de la Guerre (juin 1905), à Paris.
• Etablissements de la Guerre (juin 1905), à Paris.
Ouvriers des Poudreries (juin 1905), à Paris.
Tabacs (juin 1905), à Paris.
Ameublement (août 1905), à Toulouse.
Employés (août 1905), à Nantes.
Textile (août 1905), à Rouen.
Agricole (août 1905), à Perpignan.
Dessinateurs (août 1905), à Saint-Nazaire.
Municipaux et départementaux (septembre 1905), à Tours.
Métallurgie (septembre 1905), à Paris.
Cuirs et Peaux (septembre 1905), à Chaumont
Transports et Manutentions (septembre 1905), à Paris.
Gantiers (septembre 1905), à Saint-Junien.
Horticole (septembre 1905), à Orléans.
Pelletiers-fourreurs (octobre 1905), à Paris.
Syndicats maritimes (octobre 1905), à Cette.
Voiture (novembre 1905), à Angers.
Mouleurs (novembre 1905), à Bordeaux.
Confection militaire (novembre 1905), à Paris.
Ouvriers d'art et des Poudreries (novembre 1905), à Paris.
Etablissements de la Guerre (novembre 1905), à Paris.
Marine de l'Etat (novembre 1905), à Paris.
Ouvriers des Poudreries (novembre 1905), à Paris.
Ports et Docks (avril 1906), à Rochefort.
ı Chemin de fer (avril 1906), à Paris.
Tabacs (juin 1906), à Paris.
Etablissements de la Guerre (juin 1906), à Paris.
Dessinateurs (juillet 1906), à Paris.

Nous voudrions marquer les résolutions, en en donnant le texte, prises dans ces différents Congrès, ayant trait au perfectionnement de l'organisation fédérale, à l'agitation et aux grèves. Mais une forte brochure serait nécessaire. Bornons-nous à signaler le courant qui se manifeste pour une élévation continue de la cotisation fédérale, le nombre plus élevé des organes fédéraux, le besoin d'activité et de lutte se traduisant par un nombre croissant de grèves.

On ne saurait trop le répéter. Les Congrès fédéraux sont d'une utilité incontestable. Ils constituent le meilleur moyen de développement et de croissance de nos Fédérations nationales. C'est pourquoi le Comité a suivi avec intérêt et sympathie ces différentes assises et a répondu par l'affirmative à toutes les demandes de délégués.

Les grèves

On a vu, par le rapport qui précède, que le Comité confédéral a cru devoir suspendre le fonctionnement de la Commission des Grèves et de la Grève générale. Il était donc du devoir du Comité de faire face aux besoins nécessités par les grèves.

Des délégués furent envoyés partout sur les champs de grève, partout où il en fut demandé. Ces délégués avaient, comme à l'ordinaire, mandat de se mettre à la disposition des grévistes dans ce qu'ils jugeaient nécessaires de réaliser.

C'est ainsi que : le camarade Bousquet alla à Brest, en mars 1905, pour une grève de plusieurs corporations ; les camarades Lévy et Antourville, à Limoges, en avril 1905, pour les céramistes ; le camarade Mallardé, à Ville franche, en juin 1905, pour les tisseurs ; les camarades Lévy et Lenoir, à Reims, en juin 1905, pour le bâtiment ; le camarade Beausoleil, à Limoges, en juin 1905, pour les cordonniers ; le camarade Merrheim, à Saint-Etienne, en août 1905, pour les teinturiers ; les camarades Merrheim, à Lorient ; Lévy, à Brest ; Desplanques, à Guérigny ; Yvetot, à Indret, en novembre 1905, pour la grève des arsenaux de la marine ; le camarade Pommier, à Douarnenez, en décembre 1905, pour les sardiniers ; les camarades Quillent, Monatte, Delzant, Lévy, Luquet, à Lens, en mars 1905, pour la grève des mineurs.

Rappelons que la grève des céramistes de Limoges, fut marquée par l'assassinat du jeune Vardelle, victime de l'armée nationale ; la grève des arsenaux mit debout plusieurs milliers de nos camarades, réclamant, à nos dirigeants républicains, la liberté de pensée ; la grève des mineurs, suscitée par la terrible catastrophe de Courrières, qui ensevelit dans les mines plus de 1,200 travailleurs, fut le théâtre d'incidents divers, tous présents à notre mémoire.

Affaires diverses. — Suspension

La Fédération culinaire fut l'objet d'une plainte de la part du Syndicat des Cuisiniers de Paris. Nous ne pouvons mieux faire que de reproduire la circulaire qui fut adressée aux Syndicats appartenant à ladite Fédération.

Paris, le 2 mars 1906.

CAMARADE SECRÉTAIRE,

Il y a quelques mois, le Comité était saisi d'une plainte contre la Fédération culinaire, déposée par le Syndicat des Cuisiniers de Paris. Ce dernier prétendait que la Fédération avait perdu le caractère ouvrier qui convient à une organisation syndicale. Des faits furent apportés qui firent un devoir au Comité d'en rechercher la non-valeur ou le bienfondé.

Une Commission d'enquête fut désignée. Elle entendit les deux parties contradictoirement. Le Syndicat des Cuisiniers exposa longuement les griefs ; la Fédération put répondre à ces griefs et les réfuter.

L'enquête terminée, la Commission fit son rapport devant le Comité. Après discussion, le Comité, conformément aux statuts, suspendit la Fédération culinaire jusqu'au Congrès d'Amiens (septembre prochain).

Ce Congrès aura à prononcer, en la rendant définitive, la radiation de ladite organisation. Naturellement, la Fédération culinaire aura le droit de présenter sa défense.

Voici les raisons qui ont motivé la suspension indiquée ci-dessus :

1° Pour avoir constitué dans le Syndicat un groupe secret qui faisait du placement ;

2° Sur demande de l'Union des Syndicats de la Seine, ce syndicat fut mis en demeure d'éliminer de son sein les éléments patronaux. Une réunion eût lieu, l'ancien conseil fut révoqué, et ses membres, pour protester contre cette mesure, formèrent un nouveau groupement, rue Mandar, et intentèrent un procès au Syndicat ;

3° Le *Progrès culinaire* a fait une campagne anti-syndicale. Notamment, en insérant, en première page du numéro du 16 juillet 1905, un article qui dit au sujet d'un syndicat de Marseille : « *Cette fois ca y est : patrons et ouvriers, la main dans la main, comprenant leurs intérêts mutuels engagés entre eux, viennent de combler le fossé qui les séparait* ». Dans le numéro du 1er juillet 1905, il est reproduit un article que, dans son numéro du 15 juin, le journal patronal des Restaurateurs avait publié. Ce journal patronal

3.

invitait les syndicats de l'Alimentation à le reproduire « *tant il reflète*, disait le journal, *l'opinion et les sentiments des ouvriers sérieux et du patronat* ».

Ces deux derniers faits furent tout particulièrement retenus par le Comité comme de nature à légitimer une suspension de l'organisation incriminée.

La Commission d'enquête demandait, en conclusion de son rapport, à ce que tout d'abord les syndicats adhérents à la Fédération culinaire fussent informés de l'importance des griefs formulés contre leur Fédération et qu'ensuite fut prononcée la suspension.

Le Comité estima qu'une mesure s'imposait immédiatement et décidait la suspension, chargeant son bureau d'informer par circulaire les syndicats de ladite Fédération de la décision prise.

C'est pour ces raisons que vous est adressée la circulaire présente. Nous y avons résumé les motifs pour lesquels le Comité a cru devoir suspendre votre Fédération.

En conséquence, la Fédération culinaire n'est plus confédérée.

Pour le Comité :
Le Secrétaire : V. GRIFFUELHES.

Le Congrès aura à reconnaître le bien-fondé des griefs légitimant, aux yeux du Comité, la suspension, en rendant celle-ci définitive ou à en déclarer la non-valeur.

Label typographique

Le Congrès de Bourges, saisi de la question du label typographique, avait décidé que les marques corporatives devaient porter le signe confédéral. En conséquence, il refusait de faire sien le label créé par la Fédération du Livre.

S'inspirant de ce vote, la Fédération du Livre, dans son Congrès de Lyon (juin 1905), décida de modifier sa marque.

Une nouvelle marque fut établie, les labels furent fabriqués et, ce travail fait, la marque fut soumise au Comité. Celui-ci, placé en face d'un lancement terminé et de dépenses déjà faites, accepta la marque, tout en regrettant qu'elle ne portât pas les mots : *Confédération générale du Travail*. Le Comité regrettait également de n'être sollicité, pour l'approbation, qu'après le fait accompli.

Exonération

La Fédération nationale des Ports et Docks, ayant eu à soutenir de rudes luttes qui avaient absorbé ses ressources, demanda au Comité, l'exonération de ses cotisations, qui lui fut accordée. L'exonération va du 1er avril 1904 au 31 décembre 1905.

Manuel du paysan

La Fédération agricole du Midi saisit le Comité d'une demande relative à la publication d'une brochure de propagande, sous le titre de : *Manuel du Paysan*. Le Comité accéda à cette demande et chargea le Comité fédéral agricole de la rédaction du texte.

Le texte établi, la publication fut faite et, à plusieurs milliers d'exemplaires, répandue dans les milieux intéressés.

CONCLUSION

Mieux que toutes les affirmations et tous les exposés, les faits montrent le progrès syndical réalisé en ces dernières années. Nous avons voulu, par les tableaux et les renseignements contenus dans le présent rapport, faire naître et se fortifier l'impression d'un fort mouvement ouvrier. Nous avons voulu permettre à chacun de mesurer le développement des organisations confédérées, l'augmentation de leur nombre, leur activité allant en s'intensifiant. Et toute cette besogne de croissance et d'action se réalisant sous l'impulsion des organismes fédératifs, groupés dans la Confédération générale du Travail.

Sommes-nous parvenus à faire partager nos convictions et nos impressions aux organisations et aux militants ?

Au Congrès d'Amiens de répondre !

Pour le Comité :

Le Secrétaire : V. GRIFFUELHES.

RAPPORT FINANCIER DE LA SECTION DES FÉDÉRATIONS

Situation financière de la Section des Fédérations, du 1er Juin 1904 au 31 Mai 1906.

FÉDÉRATIONS.	EFFECTIF au 31 mai 1904.	EFFECTIF au 31 mai 1906.	MOIS PAYÉS.	SOMMES versées.	RESTE DÛ
1. Travailleurs agricoles du Midi	3.000	4.405	1er avril 1904 au 31 mars 1906	413 25	3 mois.
2. Travailleurs de l'Alimentation	2.000	2.500	1er juillet 1904 au 30 avril 1906	214 »	2 mois.
3. Allumettiers	1.500	1.500	1er juillet 1904 au 30 septembre 1906	122 »	»
4. Ameublement	2.000	2.000	1er avril 1904 au 30 juin 1906	216 »	»
5. Ardoisiers (adhésion 1er août 1904)	»	6.000	1er août 1904 au 31 mars 1906	324 »	3 mois.
6. Artistes musiciens (adhésion 1er mai 1904)	2.500	2.500	1er mai 1904 au 31 octobre 1904	60 »	20 mois.
7. Bâtiment	4.200	4.600	1er avril 1904 au 30 avril 1906	224 35	2 mois.
8. Bijouterie, Orfèvrerie	1.100	1.800	1er avril 1904 au 30 juin 1906	169 20	»
9. Blanchisseurs	100	100	1er janvier 1904 au 31 mai 1906	12 40	1 mois.
10. Brossiers	200	250	1er novembre 1903 au 30 juin 1906	28 40	»
11. Bûcherons	4.000	6.000	1er juillet 1904 au 30 juin 1906	435 60	»
12. Carriers	200	200	1er octobre 1903 au 30 avril 1906	24 80	2 mois.
13. Céramique	2.200	2.200	1er juillet 1904 au 30 juin 1906	211 60	»
14. Chapellerie	1.200	1.400	1er juillet 1904 au 30 juin 1906	134 40	»
15. Charpentiers	400	400	1er juillet 1904 au 30 juin 1906	38 40	»
16. Chauffeurs-Conducteurs automobilistes (adhésion 1er mars 1906)	»	1.000	1er mars 1906 au 30 avril 1906	8 »	»
17. Chemins de fer (syndicat national)	11.450	24.275	1er juin 1904 au 31 mai 1906	1.444 60	1 mois.
18. Correcteurs	200	»	1er juillet 1904 au 31 décembre 1904	2 40	Adhère au Livre..
19. Coiffeurs	2.000	2.000	1er juillet 1904 au 30 juin 1906	192 »	»
20. Confection militaire	500	500	1er juillet 1904 au 30 juin 1906	42 »	»
21. Coupeurs-Brocheurs	600	»	1er mai 1904 au 30 novembre 1904	16 10	Pas. à la Fédérat. des Cuirs et Peaux.
22. Cuirs et Peaux	2.200	4.000	1er juillet 1904 au 30 juin 1906	302 40	»
23. Culinaire	1.000	»	1er mars au 30 avril 1906	72 »	Suspend. en nov. 1905.
24. Dessinateurs (adhésion 1er mars 1906)	»	1.200	1er mars au 30 avril 1906	9 60	2 mois.
25. Éclairage (adhésion 1er mai 1905)	»	5.200	1er juillet 1903 au 30 juin 1906	122 80	3 mois.
26. Employés	9.875	3.000	1er juillet 1903 au 30 juin 1906	762 »	»
27. Ferblantiers-Boîtiers (adh. 1er juin 1905)	»	500	1er juin 1905 au 31 décembre 1905	14 »	6 mois.
28. Magasins adm. de la Guerre	700	500	1er juillet 1905 au 30 juin 1906	64 80	»
29. Pers. civils des Établissements de la Guerre	4.000	4.000	1er juillet 1904 au 30 septembre 1906	432 »	»
30. Gantiers (adhésion 1er décembre 1904)	»	500	1er décembre 1904 au 31 mars 1906	32 »	3 mois.
31. Habillement	400	1.565	1er juillet 1904 au 30 juin 1906	102 35	»
32. Horticole (adhésion 1er janvier 1905)	»	500	1er janvier 1905 au 31 janvier 1906	26 »	5 mois.
33. Lithographique	2.000	2.000	1er juillet 1904 au 30 juin 1906	192 »	»
34. Livre	10.000	10.000	1er juillet 1904 au 31 mai 1906	920 »	1 mois.
35. Maçonnerie, Pierre, etc.	3.000	3.000	1er juillet 1904 au 31 mai 1906	240 »	1 mois.
36. Maréchalerie	1.250	1.250	1er juillet 1904 au 30 septembre 1906	135 »	»
37. Marine et de l'État (Travailleurs)	12.000	12.000	1er juillet 1904 au 30 juin 1906	1.128 »	»
38. Mécaniciens	5.000	5.000	1er juillet 1904 au 31 décembre 1905	360 »	6 mois.
39. Menuisiers de France	2.400	2.150	1er juillet 1904 au 31 mars 1906	135 60	3 mois.
40. Métallurgie	10.000	14.000	1er juin 1904 au 30 juin 1906	1.072 »	2 mois.
41. — section de cuivre	1.250	»	1er juin 1904 au 31 décembre 1905	128 »	Passée à la Métallurg.
42. Mineurs (adhésion 1er mai 1904)	3.500	4.325	1er mai 1904 au 30 juin 1906	423 25	»
43. Mouleurs	300	300	1er juillet 1904 au 31 décembre 1905	21 60	6 mois.

No.	Syndicat			Période		Observations
45.	Papier	1.000	1.000	1er avril 1904 au 31 mai 1904	820 »	1 mois.
46.	Peinture	1.000	1.000	1er octobre 1903 au 31 décembre 1905	108 »	6 mois.
47.	Pelletiers-Fourreurs (adh. 1er septemb. 1904)	»	400	1er juillet 1904 au 30 juin 1906	96 »	»
48.	Pharmacie (Préparateurs) adh. 1er fév. 1905	»	»	1er septembre 1904 au 30 juin 1906	35 20	»
49.	Ports, Docks et Fleuves	5.000	5.000	Sur cotisations	10 »	»
50.	Postes, Télégr. Téléphones, (syndic. nation.)	3.000	3.000	1er janvier 1906 au 30 juin 1906	120 »	Exon. du 1er avr. 1904 au 1er j. 190...
51.	Poudreries (ouvriers d'art)	200	400	1er avril 1904 au 31 mars 1906	288 »	3 mois.
52.	Poudreries, Raffineries (adh. 1er juil. 1905)	»	1.500	1er septembre 1904 au 30 juin 1906	22 40	»
53.	Presses typographiques (adh. 1er déc. 1904)	»	900	1er juillet 1905 au 30 juin 1906	72 »	»
54.	Sabottiers-galochiers	300	260	1er décembre 1904 au 31 mai 1906	64 40	1 mois.
55.	Sellerie-Bourrellerie	600	600	1er septembre 1904 au 31 décembre 1905	24 40	6 mois.
56.	Tabacs	10.000	10.000	1er avril 1904 au 30 juin 1906	64 80	»
57.	Teinture et apprêts	1.000	1.000	1er avril 1904 au 31 décembre 1905	840 »	6 mois.
58.	Textile	7.400	13.000	1er juin 1904 au 31 décembre 1906	72 »	6 mois.
59.	Tonneau	500	500	1er avril 1904 au 31 mars 1906	718 »	3 mois.
60.	Transports	4.000	6.000	1er janvier 1904 au 30 juin 1906	60 »	»
61.	Transports, manœuvres et manutentions diverses.	1.200	1.500	1er juin 1904 au 30 avril 1906	576 »	2 mois.
62.	Travailleurs municipaux	4.200	5.000	1er août 1904 au 30 avril 1906	126 »	2 mois.
63.	Verriers	2.400	3.500	1er juin 1904 au 30 avril 1906	634 40	2 mois.
64.	Voiture	1.200	2.000	1er juillet 1904 au 30 juin 1906	262 »	»
				1er juillet 1904 au 30 avril 1906	121 60	3 mois.

SYNDICATS ISOLÉS

No.	Syndicat			Période		Observations
1.	Cannes et Parapluies, Paris	100	100	1er mai 1904 au 31 mai 1906	125 »	1 mois.
2.	Facteurs de pianos et orgues, Paris	340	350	1er juin 1904 au 30 novembre 1904	102 »	19 mois.
3.	Jardiniers de Paris	250	»	1er mai 1904 au 31 décembre 1904	100 »	Passé à la Fédération horticole.
4.	Travailleurs de terre Vitry-sur-Seine (adhésion 1er septembre 1904)	»	50	1er septembre 1904 au 31 décembre 1904	10 »	id.
5.	Jardiniers, Orléans (adhésion 1er juil. 1904)	»	70	1er juillet 1904 au 31 décembre 1904	42 »	id.
6.	Jardiniers, Lyon (adhésion 1er sept. 1904)	»	100	1er septembre 1904 au 30 novembre 1904	15 »	id.
7.	Cultivateurs de la Région Est de Paris adhésion 1er novembre 1904	»	30	1er novembre 1904 au 31 décembre 1904	3 »	id.
8.	Main-d'œuvre de P. T. T., Paris (adhésion 1er mars 1906	»	1.050	1er mars 1906 au 31 mai 1906	13 20	1 mois.
9.	Marins-pêcheurs, Art Trainant, Cette (adhésion 1er avril 1905)	»	46	1er avril 1905 au 31 mars 1906	27 25	3 mois.
10.	Marins-Pêcheurs de l'Etang de Thau (adhésion 1er mai 1904)	»	50	1er mai 1904 au 31 décembre 1905	20 »	6 mois.
11.	Marins-pêcheurs, Courantille-Cette	100	100	1er juillet 1904 au 30 juin 1905	60 »	12 mois.
12.	Marins-pêcheurs, Mèze (adh. 1er avril 1905)	»	»	1er avril 1905 au 31 décembre 1905	22 50	Dem. Pas. à la Féd. Inac. Man...
13.	Mineurs de Saint-Eloy-les-Mines	48	»	1er février 1904 au 30 avril 1904	7 20	Passé à la Fédération des Mineurs
14.	Monnaies et médailles	130	130	1er août 1904 au 30 juin 1906	172 50	»
15.	Préparateurs en Pharmacie	50	»	1er juillet 1904 au 30 octobre 1904	10 »	Passé à la Fédération des Préparateurs
16.	Professeurs de l'enseignement libre	36	37	1er juillet 1904 au 31 mars 1906	45 90	15 mois.
17.	Scieurs, découpeurs, Hermes (adhésion 1er avril 1905	»	70	1er avril 1905 au 30 novembre 1905	28 80	Passé à la Fédération des Brosses...
18.	Scieurs découpeurs, Paris	100	100	1er mars 1904 au 31 décembre 1905	110 »	6 mois.
19.	Scieurs découpeurs, Lyon (adh. 1er août 1905)	»	50	1er août 1905 au 31 décembre 1905	4 05	6 mois.
20.	Scieurs découp., Angers (adh. 1er août 1904)	»	60	1er août 1904 au 31 décembre 1905	54 »	6 mois.
21.	Tordeurs d'huile, Dunkerque (adhésion 1er juillet 1904)	»	290	1er juillet 1904 au 31 décembre 1905	261 »	6 mois.
		158 000	203 273			

Sur 64 Fédérations adhérentes, 3 ont fusionné avec d'autres organisations, une a été suspendue.

Sur 21 Syndicats isolés, 8 ont adhéré depuis à une Fédération et un a démissionné pour adhérer à la Fédération des Inscrits maritimes.

Fédérations en retard de leur paiement : Fédération des Artistes-musiciens, 20 mois ; Fédération des Ferblantiers-boîtiers, 6 mois ; Fédération des Tabacs, 6 mois ; Fédération de la Teinture et apprêts, 6 mois. Les Préparateurs en pharmacie n'ont versé que 10 francs, acompte depuis le 1er février 1905, date de leur adhésion.

Syndicats en retard de leur paiement : Facteurs de pianos et orgues Paris, 19 mois ; Marins-pêcheurs de l'étang de Thau, 6 mois ; Marins-pêcheurs de la Courantille-Cette, 12 mois ; Professeurs de l'enseignement libre, 15 mois ; Scieurs-découpeurs Paris, 6 mois ; Scieurs-découpeurs Angers, 6 mois.

Quelques jours après la clôture des comptes, les organisations suivantes se sont mises à jour de leurs cotisations : Fédération de l'Alimentation ; Fédération des Chauffeurs-mécaniciens ; Fédération des Modeleurs-mécaniciens ; Fédération des Ardoisiers ; Union syndicale de la main-d'œuvre de P. T. T. ; Fédération horticole ; Fédération des Sabotiers ; Fédération du Textile ; Fédération des Gantiers ; Syndicat des Tordeurs d'huile Dunkerque ; Syndicat des Scieurs-Découpeurs Lyon ; Fédération du Papier ; Fédération des Mécaniciens.

Les organisations portées comme devant 3 mois, doivent être considérées comme à jour de leurs cotisations, les comptes ayant été arrêtés le 31 mai 1906.

Bilan de la Section des Fédérations du 1er Juin 1904 au 31 Mai 1906

RECETTES		DÉPENSES	
Cotisations	17.650 10	Correspondance	379 60
Vente de Labels	998 50	Imprimés	3.103 60
Vente Brochures et Cartes postales	408 55	Frais de bureau et divers	2.280 35
Divers	858 95	Cotisations diverses	524 15
Cotisations à la Grève générale	78 25	Appointements Secrétaire et Trésorier	7.575 »»
Versement de la section des Bourses pour le répertoire	592 50	Délégations	3.457 65
		Impression du répertoire	1.185 »»
		Mobilier	301 80
		Loyer de la C. G. T.	516 90
	20.586 85		19 324 05
En caisse le 31 mai 1904	1.357 15	En caisse le 31 mai 1906	2.619 95
	21 944 »»		21.944 »»

Recettes

Vente de labels. — Les galvanos, les labels-caoutchouc et les affiches-labels.

Brochures et cartes postales. — La vente des rapports internationaux, de manuels du paysan et les cartes postales antimilitaristes.]

Divers. — Remboursement par la Section des Bourses et la *Voix du Peuple*, de 300 fr. 30, sur le loyer payé par la C. G. T. à la cité Riverin ; 264 francs, part de la section des Bourses pour l'affiche « Guerre à la Guerre » ; 100 francs, part de la Section des Bourses pour les cotisations au Secrétariat international.

et 58 fr. 65, l'encaisse, au 30 septembre 1905, de la Commission de la Grève générale, versé à la Section des Fédérations, par décision du Comité confédéral.

Cotisations pour la propagande de la Grève générale. — Les cotisations que quelques organisations ont continué à verser après le 30 septembre 1905. Nous devons citer parmi ces dernières : les Sous-comités des grèves d'Albi, de Bourges, Vierzon ; les syndicats métallurgistes : de Fumel, de Vendôme, d'Orléans, du Boucau.

Dépenses

Correspondance. — Lettres du secrétaire et du trésorier ; envois de fonds pour les grèves, depuis le 1er octobre 1905.

Imprimés. — Affiches pour Cluses, 67 fr. 70 ; rapport de Bourges, 507 fr. ; affiches Limoges, 103 fr., ; 5,000 brochures « Aux paysans », 201 fr. 15 ; affiches « Guerre aux syndicats », 98 fr. ; Affiches « Retraites ouvrières », 111 fr. ; affiches Grèves des Terrassiers, 152 fr. ; affiches « Guerre à la Guerre », 498 fr. ; affiches « Contre l'arbitraire », 189 fr. 25 ; 100 rapports internationaux, 75 fr.; affiches pour Cluses, 82 fr. 20 ; impressions affiches-labels ; clichés labels ; carnets de reçus ; avis de paiement ; en-têtes de lettres, etc., etc.

Frais de bureau et divers. — Les dépenses du secrétaire jusqu'au 1er janvier 1906 ; expéditions de brochures et divers ; achats de livres ; travaux divers, main-d'œuvre exceptionnelle ; transports et emballage Bibliothèque Le Carpentier ; affichages divers ; papier d'emballage ; abonnement à l'*Officiel* ; fournitures pour machine à écrire ; reliure ; 200 fr., indemnité de maladie à Griffuelhes sur 500 fr. votés pour lui par le Comité.

Cotisations diverses. — 324 fr. 15, cotisations à la Commission de la Grève générale ; et 200 fr. au Secrétariat international. Sur les 200 fr., la Fédération des Bourses a payé sa part, soit 100 fr.

Appointements. — Secrétaire, 5,825 fr.; trésoriers, 1,750 fr. A partir du 1er novembre 1905, les secrétaires et trésorier se sont imposés de 25 fr. par mois pour que la Confédération ne souffre point de l'expulsion de la Bourse du travail. En conséquence, les appointements mensuels du secrétaire et du trésorier se trouvent réduits à 225 fr. Il est entendu, toutefois, que le trésorier reçoit les appointements des trois caisses de la Confédération de la façon suivante : Section des Fédérations, 100 fr. ; Section des Bourses, 100 fr. ; Journal, 50 fr.

Délégations. — Luquet: Lorient, Brest, Nantes, 163 fr. 50 ; Griffuelhes, Bourges, 14 fr. ; Vibert, de Brest à Dinan, 50 fr. ; Griffuelhes, Congrès de l'Habillement, 82 fr. ; Griffuelhes à Bourges, 28 fr. ; Pouget, Congrès des Peintres, 68 fr.; Griffuelhes, Congrès des Bûcherons, 38 fr.; Robert, trésorier, Congrès de Bourges, 120 fr.; Griffuelhes, secrétaire, Congrès de Bourges, 96 fr. ; Delalé, grève d'Issoudun, 90 fr. ; Griffuelhes à Blangy, 27 fr. ; Latapie, Mineurs de Saint-Etienne, 52 fr. ; Desjardins, Textile d'Angers, 30 fr. ; Griffuelhes, grèves agricoles, 173 fr. 50 ; Yvetot à Rouen, 12 fr. 50 ; Griffuelhes à Bourges, 25 fr. 45 ; Bousquet à Fontenay-le-Comte, 50 fr. ; Bousquet à Brest, 100 fr. ; Luquet au Congrès de P. T. T. Lyon, 60 fr. ; Lévy, grève Limoges, 77 fr. ; Antourville, Limoges, 104 fr. 60 ; Latapie, Congrès de la maçonnerie, Clermont-Ferrand, 50 fr. ; Malardé à Villefranche, 90 fr. 60 ; Dubéros, Congrès des sabotiers, 52 fr. ; Lévy à Reims, grève du bâtiment, 27 fr. ; Lenoir à Reims, 19 fr. 40 ; Bousquet,

Congrès du bâtiment, 110 fr. ; Beausoleil à Limoges, 50 fr. ; Merzet à Chavigny, 48 fr. 25 ; Merrheim à Saint-Etienne, 53 fr. 50 ; Delesalle, Congrès des verriers, 65 fr. ; Desplanques à Guérigny, 70 fr. ; Yvetot à Indret, 40 fr. ; Merrheim à Lorient; 100 fr. 25 ; Pommier à Douarnenez, 50 fr. ; Lévy à Amiens, 20 fr. ; Griffuelhes à Berlin, 272 fr. ; Griffuelhes à Amiens, 25 fr. ; Marck à Villers-Cotterêts, 21 fr. 15 ; Lévy à Lens, 51 fr. ; Quillent à Lens, 59 fr. 25 ; Lévy à Lens, 71 fr. 95 ; Delzant à Lens, 70 fr. ; Griffuelhes à Decazeville, 123 fr. ; Luquet à Lens, 98 fr. 70 ; Testaud à Lille, 42 fr. 45 ; Griffuelhes à Lens, 38 fr. ; Monatte à Lens, 150 fr. ; Sauvage à Saint-Quentin, 39 fr. 20, etc., etc.

Mobilier. — Les meubles achetés pour servir à la cité Riverin et qui, depuis, sont installés rue de la Grange-aux-Belles. L'installation que nous avions à la Bourse du travail appartenait à l'administration préfectorale.

Le Trésorier,

A. LÉVY.

RAPPORT MORAL

DE LA

Section des Bourses du Travail

Appréciations d'ensemble

Jamais, depuis son origine, l'organisation syndicale, en France, ne s'était affirmée aussi prospère et aussi forte.

Autant par le nombre sans cesse croissant des groupements syndicaux adhérents à ses deux sections, que par l'action exercée par tous ses groupements, la puissance de la Confédération Générale du Travail s'est manifestée. Aujourd'hui, plus qu'hier, son influence est considérable. Les forces d'oppression comptent maintenant avec les forces ouvrières qui sont plus menaçantes à mesure quelles s'accroissent.

L'œuvre accomplie par la C. G. T. et par les militants de ses deux sections, n'est pas pour amoindrir son importance. On en pourra juger, en ce qui concerne la Section des Bourses, par le présent Rapport.

Action et Prospérité

Ce Rapport des travaux du Comité des Bourses est la récapitulation des événements les plus importants et des faits les plus saillants intéressant particulièrement les Bourses du Travail ou Unions de Syndicats, et sur lesquels le Comité eût à discuter ou à se prononcer.

Ce Rapport est aussi l'exposé du développement incessant de la Section des Bourses et la démonstration de sa situation morale très satisfaisante.

Les organisations adhérentes à la Section des Bourses sauront apprécier les efforts faits par les militants de bonne volonté auxquels elles ont donné leur confiance et qui forment le Comité fédéral. Elles reconnaîtront que la propagande faite par beaucoup d'entre eux fut considérable. Aussi, est-ce avec la plus grande confiance que le Comité présente à leur examen, à leur discussion et à leur approbation, le résumé de ses travaux durant l'exercice 1904-1906.

Cependant, la tâche tracée par les précédents Congrès et par la Conférence de Bourges, n'a pas été entièrement accomplie. Le Comité lui-même s'en rend compte et ne regrette rien, car la besogne d'organisation un peu délaissée, ne le fut qu'au profit de l'action. L'agitation entreprise en vue du 1er mai 1906, compense et justifie le retard apporté à la solution de certaines questions, à l'établissement définitif de certains services. Au surplus, ce qui fut remis à un autre temps n'en sera que mieux étudié et, par conséquent, plus sûrement et plus solidement établi.

Aussi bien, comme nous allons le démontrer, l'agitation n'a pas accaparé le Comité et son Bureau, au point de nuire au développement de la Section des Bourses, ni à l'administration normale des affaires courantes. Par suite des délégations répétées ou prolongées du secrétaire, par suite de ses deux incarcérations successives, quelques ennuis, quelques malentendus; quelques retards ont pu se produire, mais le Comité sut faire face à ces difficultés, pour que les organisations n'aient pas à se plaindre des conséquences de la propagande faite par les militants de la C. G. T. Elles ont, d'ailleurs, presque toutes démontré qu'elles approuvaient cette propagande.

Des chiffres

Comme rien n'est aussi éloquent que des chiffres, un tableau comparatif peut démontrer la prospérité de la Section des Bourses et la vitalité de ses organisations adhérentes.

Malgré l'arbitraire du gouvernement et de ses préfets, malgré les attitudes variées et les caprices des municipalités qui, en bien des endroits, ont entravé l'éclosion ou le développement des Bourses du Travail ou Unions locales, celles-ci se sont pourtant considérablement multipliées. En voici la preuve :

Tableau comparatif du développement annuel des Bourses du Travail en France
de 1895 à 1906

ANNÉES	NOMBRE DE BOURSES	NOMBRE DE SYNDICATS	AUGMENTATION ANNUELLE	
			EN BOURSES	EN SYNDICATS
Juin 1895	34	606	»	»
— 1896	46	862	12	256
— 1897	46	862	»	»
— 1898	51	947	5	85
Septembre 1899. . .	54	981	3	34
Juin 1900	57	1.065	3	84
— 1902	83	1.112	26	47
— 1904	110	1.349	27	237
— 1906	135	1.609	25	260

Toutes ces Bourses, sauf quelques exceptions, étaient adhérentes jusqu'en 1902 à la Fédération des Bourses et, depuis, à la Confédération Générale du Travail, Section des Bourses. On le voit, c'est encore en ces dernières années que l'augmentation s'est le plus accentuée. Depuis le 30 juin 1904, c'est trente Bourses nouvelles qui ont adhéré, comportant exactement 217 syndicats payants. En voici la nomenclature, avec leur date d'adhésion :

NOMS DES BOURSES OU UNIONS LOCALES	NOMBRE DE SYNDICATS	DATES D'ADHÉSION
Ardennes	6	1er septembre 1905.
Auch	7	1er août 1904.
Avignon	14	1er juillet 1905.
Bédarieux	5	1er octobre 1904.
Caen	10	1er juin 1906.
Cahors	12	1er mai 1905.
Castres	13	1er octobre 1904.
Chauny	5	—

NOMS DES BOURSES ou Unions locales	NOMBRE de Syndicats	DATES d'adhésion
Charenton	5	1er janvier 1906.
Cherbourg	13	1er décembre 1904.
Clichy	6	1er mars 1905.
Evreux	5	1er août 1905.
Guerche (La)	10	1er février 1906.
Issoudun	6	1er avril 1906.
Ivry	5	1er juin 1904.
La Roche-sur-Yon	5	1er juin 1904.
Lunéville	6	1er octobre 1905.
Mazamet	5	1er août 1905.
Meaux	8	1er août 1905.
Mèze	5	1er janvier 1906.
Montauban	8	1er juillet 1904.
Pau	12	1er décembre 1904.
Puteaux	9	1er février 1906.
Romorantin	4	1er juillet 1905.
Roubaix	7	1er juillet 1904.
Soissons	5	1er janvier 1905.
Tunis	5	1er juillet 1904.
Vaucluse	7	1er mars 1906.
Villefranche	7	1er août 1904.
Vimeu-Escarbotin (Le)	2	1er juillet 1905.

Transformation nécessaire

Trente Bourses de plus en deux années, presque autant en voie d'adhésion ! N'est-ce pas là un motif déjà de vouloir une autre organisation ? Cette multiplication incessante des Bourses du Travail ou Unions locales, n'est-ce pas l'urgence même qui s'impose de simplifier l'organisation syndicale en décentralisant un peu ses rouages, en développant encore l'importance des groupements adhérents à la C. G. T. (Section des Bourses) ? De même que pour les Fédérations de métiers l'accroissement en nombre et en conscience des syndicats d'une même industrie, les incitent à fusionner pour être moins épars et plus forts, de même les Unions locales se transformeront, se transforment déjà, en Unions départementales ou régionales.

Bien entendu, le Comité des Bourses, animé du plus sincère esprit fédéraliste, fera tout pour que cette transformation s'accomplisse sans heurt et sans froissement pour l'autonomie des Bourses. C'est par l'entente des Bourses d'un même département ou d'une même région, que nous espérons arriver à un bon résultat.

Ombres au tableau

Si les Bourses ou Unions locales ont raison de se réjouir de l'extension du mouvement syndical et d'être fières de la part qu'elles y prennent par l'activité de leurs militants, il ne nous appartient pas de leur cacher ce que nous déplorons autant qu'elles : les disparitions et les démissions ; les rivalités et les conflits. Les motifs de cela, on les connaît. C'est avec eux seulement que disparaîtra le mal. Des Bourses ont disparu faute de subvention, comme d'autres vivent sans agir à cause des subventions. Les rivalités et les conflits, en outre

de la question des subventions, ont une autre cause : la politique: C'est rarement la lutte ouvrière contre l'exploitation ou l'autorité qui cause ces pertes.
On s'en rend compte par le tableau ci-dessous :

NOMS DES BOURSES	NOMBRE de SYNDICATS	DATES D'ADHÉSION	DATES DE DISPARITION	MOTIFS DONNÉS
Avignon . . .	5	1er juillet 1905.	20 novembre 1905	Cotisation trop élevée.
Constantine . .	8	1er juillet 1902.	4 novembre 1905.	Contre tactique anti-militariste.
Lons-le-Saulnier .	5	Janvier 1900.	Octobre 1904.	Défaut de paiement.
Mustapha . . .	6-	Octobre 1905.	Octobre 1906.	Fusion avec Alger.
Saumur. . . .	9	Janvier 1903.	Janvier 1906.	Manque de subvention.
Tunis	5	7 août 1904.	Mars 1905.	Dissoute.
Vallée-de-l'Hers .	5	Janvier 1902.	Octobre 1904.	Défaut de paiement.

Les Bourses d'Avignon et de Constantine n'ont pas maintenu leurs démissions très longtemps. Avignon sous le titre de Fédération du Vaucluse est
admise à nouveau. Constantine au moment où paraît ce rapport est également
réadmise.

Notons en passant, qu'en regard des Bourses qui disparaissent, faute de subvention, bien plus nombreuses sont celles qui s'affranchissent de la subvention.
et se rendent autonomes. C'est une heureuse compensation.

Conflits des Bourses

Selon les indications du Congrès de Bourges et de la Conférence des Bourses, le Comité tenta de concilier les différends au sein des Bourses et de faire
disparaître les obstacles à l'union des travailleurs entre eux, soit au point de vue
administratif, soit au point de vue des personnalités.

A **Mustapha**, la fusion avec la Bourse d'Alger s'opéra sans difficulté. Ce n'était
pas pour copier l'administration étatiste qui fit fusionner la commune de Mustapha avec la ville d'Alger et la fit devenir un faubourg de celle-ci, que l'on trouva
naturel de faire à peu près la même opération. Non. Si la Bourse de Mustapha
est devenue une annexe de la Bourse d'Alger, conservant ses services administratifs et d'utilité ouvrière ; si les syndicats de Mustapha sont devenus des sections des syndicats d'Alger, c'est parce que, à la transformation d'un organisme d'oppression ouvrière et de protection patronale, doit répondre la transformation d'un organisme d'émancipation et de défense ouvrières. Nos camarades d'Algérie l'ont compris. Aussi, la fusion se fit-elle tout à fait aisément,
parce que la logique et l'intérêt le commandaient.

A **Versailles**, les difficultés se tranchèrent moins aisément. Il s'agissait d'inviter formellement la Bourse du Travail de Versailles à réintégrer le Syndicat
des Coiffeurs, exclu pour un motif que le Congrès de Bourges sut apprécier à
sa valeur. La Bourse du Travail de Versailles ne céda pas aux premières exhortations, ni aux premières démarches du Comité des Bourses. Elle resta suspendue comme adhérente à la Section des Bourses jusqu'au jour où elle se décida
à la réintégration du Syndicat des Coiffeurs, qui se fit enfin, après une démarche
de la Fédération des Coiffeurs, à la suite de laquelle le Secrétaire du Comité des
Bourses fut appelé à Versailles. Le conflit prit fin après les explications des
militants entr'eux et une exhortation heureuse du secrétaire.

A **Tulle**, où l'on espérait que le temps serait le meilleur des médiateurs, l'on
fut déçu. Au lieu de s'apaiser, les raisons du conflit restant les mêmes, l'hostilité entre personnalités s'aggrava, la scission entre syndicats s'accentua. Un
groupe de syndicats importants, sous le nom de « Ruche rouge », demanda son

adhésion à la C. G. T. (Section des Bourses) comme Union locale, se conformant aux principes et aux statuts de la Confédération. Le Comité des Bourses désigna un de ses membres, le camarade Tesche, pour aller à Tulle tenter l'accord des syndicats entre eux. Il rencontra à la Bourse du Travail municipale la plus partiale façon d'envisager une entente possible, il ne put obtenir la moindre concession. A la « Ruche rouge », les camarades montraient de la bonne volonté en vue d'un rapprochement, pourvu que ce qu'il y avait d'anormal dans la Bourse municipale disparut.

Après une enquête scrupuleusement faite et des efforts restés stériles en vue d'un rapprochement, le délégué du Comité s'en revint avec un rapport très impartial aux conclusions duquel le Comité se rallia à l'unanimité, y compris le délégué de Tulle, le camarade Sellier.

Ces conclusions se résumaient dans la résolution de reconnaître la « Ruche rouge » comme seule Union des Syndicats de Tulle et de ne considérer comme syndicats confédérés, que ceux groupés dans cette Union et adhérents à leur fédération de métier ou d'industrie.

Le Comité est convaincu d'avoir au mieux exercé les pouvoirs qui lui furent confiés dans le but de trancher les trois cas ci-dessus. A son tour, il demande au Congrès d'Amiens d'approuver ses efforts et de ratifier ses décisions, sur le cas de Tulle, en particulier.,

Autres cas difficiles

Tours. — Depuis que la municipalité de Tours a dans son sein des hommes s'étiquetant socalistes, dont l'un, ancien militant syndicaliste devenu 'patron, la Bourse du Travail de Tours est devenue un véritable champ-clos pour les rivalités entre militants ouvriers. Cela dure depuis plusieurs années et surtout depuis la mort du camarade Cochet, auquel succéda le camarade Moïse Coignard, lequel n'était pas le candidat de la municipalité, mais des syndicats, comme secrétaire de la Bourse du Travail de Tours.

A plusieurs reprises, avec la plus grande prudence, le Comité des Bourses tenta l'accord entre les syndicats ouvriers de Tours, sans y parvenir.

A Tours, un syndicaliste est déclaré adversaire de la municipalité, s'il n'épouse pas la politique socialiste (!) du conseil municipal. S'il veut que la politique soit ailleurs qu'à la Bourse du Travail, soit en dehors des questions économiques et syndicales, il est voué à la haine des politiciens locaux qui entraveront son action et sa propagande par plus d'un moyen. La municipalité proposera le retrait de la subvention aux syndicats et à l'Union des syndicats ouvriers de Tours. Elle menacera de fermer la Bourse du Travail ou obligera l'Union des syndicats à accepter, dans l'immeuble municipal, les organisations plutôt politiques que syndicales, voire même les syndicats jaunes.

Cet état d'antagonisme continuel entre la Bourse du Travail et la municipalité de Tours, entre les militants syndicalistes et les politiciens municipaux, a beaucoup nui aux propagandistes des syndicats et de la Bourse, dans leur travail d'organisation et d'action syndicales.

Pour échapper autant que possible à l'hostilité municipale, les syndicats qui ne font pas de politique ont eu recours au Comité des Bourses. Celui-ci, selon le désir des syndicats ouvriers de Tours, à déclaré ne reconnaître comme syndicats confédérés, seulement ceux qui sont restés fidèles ou se sont ralliés à l'Union des syndicats d'Indre-et-Loire, unique adhérente à la C. G. T. (Sect. des Bourses).

Lyon. — Après Paris, la ville de Lyon se place immédiatement parmi les centres ouvriers importants, propices à l'éclosion des revendications sociales sur le terrain économique. Pourtant, si forte que soit l'organisation syndicale à Lyon, elle est bien loin d'être ce qu'elle devrait être. Longtemps, trop longtemps, les divisions politiques, les questions personnelles, ont eu leur répercussion sur le terrain syndical et ont considérablement gêné l'union des syndicats entre eux. Les ouvriers de Lyon ont payé chèrement et paient encore leur faiblesse. Ce n'est pas impunément qu'ils se sont laissés absorber par l'action politique au détriment de l'action économique ! Ils n'ont pas fini d'expier la mollesse qui les a détournés de l'action syndicale pour les entraîner derrière les politiciens. Ils ont pu voir leurs militants ouvriers syndicalistes, mais politiciens avant tout, devenus conseillers municipaux, être d'accord contre eux, avec le maire de Lyon, le prétendu socialiste Augagneur ! Ils ont participé, encouragé, approuvé tous les actes d'autorité, d'arbitraire du futur gouverneur de Madagascar. Ils ont aidé celui-ci à maîtriser par ses mouchards, les militants lyonnais. Ils ont adopté la mise en application des procédés odieux employés contre la Bourse du Travail de Lyon, lorsque celle-ci manifesta son intention d'être libre chez elle. Aujourd'hui encore, on fait sentir aux syndicats lyonnais leur faiblesse, en les faisant se diviser à plaisir avec l'appât d'une subvention.

Malgré tout, l'union actuelle des syndicats de Lyon et banlieue, d'après les conseils et les exhortations du Comité des Bourses (qui délégua à plusieurs reprises son secrétaire dans ce but), fonctionne normalement, grâce à l'énergie et à la ténacité des militants lyonnais qui veulent désormais maintenir leurs syndicats en dehors de toute politique, conformément au principe de la C. G. T.

Pour que ces camarades courageux réussissent et ne se lassent point dans leurs efforts, il faut que le Congrès, pour Lyon comme pour Tours, et pour toutes les Bourses dans le même cas, se prononce formellement sur l'obligation, pour les fédérations de métiers et d'industrie, d'exclure de leur sein, les syndicats qui se refuseront à adhérer à l'organisation locale, départementale ou régionale confédérée. Cela, à charge de réciprocité, par les Bourses du Travail, envers les syndicats non adhérents à leur fédération confédérée.

Il n'y a pas d'autre moyen d'unifier sérieusement et définitivement les syndicats rouges sur le terrain économique.

A propos du conflit entre la Bourse du Travail de Lyon et sa municipalité, le Comité des Bourses n'a pas manqué l'occasion qu'il avait, d'affirmer son désir de voir toutes les Bourses s'affranchir totalement de la tutelle néfaste des municipalités et du contact dangereux des politiciens.

Le Congrès d'Amiens et la Conférence, nous en sommes convaincus, donneront raison au Comité des Bourses sur ces points essentiels de l'organisation confédérale.

Ce qui se passe à Tours, ce qui s'est passé à Lyon, n'est pas unique en France. On va le voir.

Répression contre les Bourses du Travail

Les organisations ouvrières, au fur et à mesure de leur développement sur le terrain économique, se verront l'objet d'actes arbitraires, de mesures répressives. Cela se comprend : plus elles prendront de l'importance dans le monde ouvrier et deviendront, pour les travailleurs, un refuge et une citadelle, plus elles porteront ombrage à l'autorité et menaceront le règne des exploiteurs.

C'est ce qui explique la multiplicité des retraits de subventions municipales, des perquisitions brutales dans certaines Bourses du Travail et la fermeture de plusieurs d'entre elles, pendant ces deux dernières années et surtout aux environs du 1er mai. C'est ce qui explique les arrestations et les condamnations des militants les plus sincères, les plus actifs, auxquels leurs organisations ont rendu hommage en leur maintenant l'estime et la confiance, qui est leur seule ambition.

La *Voix du Peuple* a narré les péripéties de la lutte et a enregistré, à mesure qu'ils se produisaient, les actes dont nous parlons.

Pour ne pas revenir sur tous, rappelons seulement que, faute de subvention, la Bourse du Travail de **Saumur** est disparue. Nous pensons que les syndicats qui la composaient réussiront à lui survivre, dès qu'il y aura un lien solide pour les relier entre eux, c'est-à-dire une Union locale de syndicats.

Il y a longtemps que le Comité des Bourses a, pour la première fois, préconisé la formation d'Unions locales et invité les syndicats réunis ensemble à ne considérer la Bourse du Travail (l'immeuble) que comme secondaire. En réalité, les organisations adhérentes à la Section des Bourses, ne sont point les Bourses du Travail, mais les Unions locales de syndicats. Ce sont celles-ci qui doivent créer les Bourses du Travail. Ajoutons que les Unions locales doivent survivre aux Bourses du Travail, si celles-ci, pour une raison ou pour une autre, disparaissaient.

A **Paris**, la municipalité, le gouvernement, la police, la presse de toutes nuances, les élus ouvriers et les quelques tristes individus qui se sont faits leurs auxiliaires, ont réussi à rendre la vie impossible aux syndicats parisiens, soucieux de leur dignité, logés dans l'immeuble de la rue du Château-d'Eau. La plupart en sont sortis ou se disposent à en sortir pour suivre leurs Fédérations à la Maison des Fédérations siège de la C. G. T. Ils n'avaient pas mieux à faire. L'Union des syndicats de la Seine, elle-même, en a pris la décision.

La Bourse du Travail d'**Ivry**, pour conserver son autonomie, s'est affranchie de la tutelle municipale.

Bien d'autres Bourses encore furent fermées ou leurs syndicats privés de subventions. Nous pensons que ce sera pour ces Unions locales, l'occasion d'essayer de se tirer d'affaire par leurs propres forces. Elles y gagneront en indépendance, en dignité et en esprit combatif.

A **Alger**, au moment d'une grève, la municipalité, affolée par la propagande révolutionnaire et antimilitariste des militants syndicalistes, ferma la Bourse d'Alger et supprima naturellement la subvention. Loin de décourager les camarades d'Alger, cela leur donna du cœur à la besogne. L'édification d'une Bourse autonome couronna leurs efforts, montrant aux autorités l'inutilité de leur arbitraire.

A **Oran**, les mêmes causes eurent à peu près les mêmes effets. Il y eût grève d'ouvriers et ouvrières des tabacs d'Oran. Les grévistes se montraient résolus à recourir à l'action directe : immédiatement, on ferma la Bourse du Travail.

Ainsi, les syndicats n'ont un asile municipal qu'à condition qu'il serve à leur réunions en période calme. Aussitôt qu'entre le capital et le travail un conflit s'engage et qu'un immeuble est nécessaire aux grévistes, on le leur interdit On veut que les Bourses du Travail soient les temples de la résignation, de la conciliation, et qu'y prêchent leurs doctrines, les seuls apôtres de la légalité et de la paix sociale, ou de l'accord des exploiteurs et de leurs exploités, ainsi que les patriotes et les militaristes.

C'est sans doute avec cette dernière façon de comprendre la lutte qu'on vit la Bourse du Travail de **Constantine**, démissionnaire de la Confédération Générale du Travail (Section des Bourses) pour une raison qu'on ne nous a pas cachée: « Nous sommes ici, disait en substance la lettre de démission, des colons français qui serions jetés à la mer par les Arabes, si l'armée française n'était là pour nous protéger. »

Un tel motif de démission nous dispense de toute appréciation. Il est heureuse ment des syndicats à Constantine qui ont voulu revenir sur cette décision.

Commission Juridique

Comme dans les précédents Rapports du Comité des Bourses, le présent Rapport pourrait énumérer les nombreuses demandes de renseignements juridiques qui lui sont parvenues et auxquelles, toujours, le secrétaire a donné, — autant que possible, — la plus prompte réponse. Toujours intéressantes sont ces demandes et toujours utiles sont les réponses, pour des cas qui se répètent souvent. Presque toujours ce fut sur les accidents du travail que portaient les questions posées. Aussi bien qu'il fut décidé à la Conférence de Bourges qu'une énumération instructive des renseignements demandés et des renseignements donnés serait publiée en brochure par les soins du Comité de la Section des Bourses, celui-ci n'a pas mis cette décision à exécution, parce qu'au moment où le Bureau songeait à le faire, une brochure sur les accidents du travail fut publiée par l'Union des Syndicats de la Seine. L'auteur de cette brochure, ainsi que de différents articles de juridiction ouvrière, parus dans la *Voix du Peuple*, est le camarade *Quillent*, secrétaire du Conseil judiciaire de l'Union des Syndicats, président du Conseil des Prud'hommes de Paris. C'est également ce militant qui, avec son dévouement et sa compétence connus, répondit le plus souvent aux renseignements que le secrétaire de la Section des Bourses ne se jugeait pas en état de fournir lui-même avec exactitude. Ajoutons même qu'il fut très difficile de réunir au complet la Commission juridique et qu'il était plus court d'aller chez un ou deux des plus dévoués avocats-conseils de cette Commission, que d'attendre sa réunion pour solutionner un cas difficile.

Les secrétaires et militants des Bourses qui ont eu à se renseigner en matière juridique auprès du secrétariat de la Section des Bourses, attesteront, au besoin, l'utilité incontestable de son intermédiaire.

Relations du Secrétariat avec les Bourses

En outre, le secrétaire, au nom du Comité, répondit à une multitude d'autres renseignements concernant spécialement les Bourses dans leur développement, leur organisation, leurs rapports avec les syndicats. A chaque occasion, leur autonomie fut respectée. Des avis, des conseils, des indications, jamais d'obligations, jamais d'ordres.

A plusieurs reprises, des invitations à une agitation nécessaire ou au respect des statuts.

Tel fut, à peu près, l'objet des relations du Comité avec les Bourses.

Interventions du Comité

Cluses. — Les graves événements de Cluses sont assez présents à la mémoire des militants du monde ouvrier, pour que nous n'ayons pas à les rappeler. Ce qu'il faut que nous rappelions, c'est la participation du Comité des Bourses à l'agitation faite en faveur des grévistes massacrés par leurs exploiteurs féroces.

A l'approche du procès, surtout, le Comité des Bourses, par les soins de son secrétaire, invita les Bourses à organiser des meetings de protestation contre les complaisances gouvernementales et judiciaires à l'égard des patrons assassins. Il engagea les militants de partout à faire le nécessaire pour que l'indignation ouvrière ne diminue pas au moment où un jugement de classe pouvait encore frapper les ouvriers victimes et acquitter les meurtriers. Il fallait, si l'on jetait un tel défi à la classe ouvrière, que celle-ci ne restât pas muette et sans vie. Cette attitude des ouvriers syndiqués a dû certainement contribuer à l'acquittement des ouvriers.

Limoges. — Là, ce ne furent pas les patrons qui fusillèrent les ouvriers, mais les troupiers de France mis au service de l'exploiteur américain Haviland, qui tirèrent à bout portant sur des grévistes sans armes. En outre de plusieurs blessés et d'un mort, des arrestations nombreuses furent opérées.

Sous des inculpations les plus graves, on menaçait de juger et de condamner sévèrement les meilleurs militants

En présence de ces faits, le Comité des Bourses ne se contenta pas d'un ordre du jour de protestation : mais il délégua deux de ses membres auprès du Ministre de la Justice. Les camarades Bousquet et Yvetot s'entretinrent avec M. Chaumié qui leur fit la promesse formelle, bien que la justice fut saisie de cette affaire, d'obtenir la grâce des inculpés, si ceux-ci n'étaient pas des émeutiers non grévistes. Deux jours après, une quinzaine de camarades furent mis en liberté. Les grâces du 14 juillet et l'amnistie d'octobre 1905, délivrèrent les autres. Il est d'ailleurs très rare qu'une démarche où que ce soit, n'ait eu un résultat lorsqu'elle était faite au nom du Comité des Bourses.

A cette occasion, le secrétaire de la Bourse du Travail de Limoges vint à Paris et assista à une séance du Comité des Bourses. Il en profita pour féliciter le Comité de son intervention et le remercier des démarches faites en faveur des militants de Limoges.

Arrestations d'ouvriers. — Dans sa réunion du 31 janvier 1905, le Comité des Bourses décidait qu'une protestation serait adressée à la presse quotidienne contre l'arrestation arbitraire des camarades Antourville et Roullier, à la sortie d'un meeting organisé au Tivoli-Vaux-Hall, en faveur des révolutionnaires russes. Ces arrestations avaient été faites par des policiers affolés par l'éclat d'une bombe lancée contre eux, avenue de la République, à l'issue du meeting.

Toutes ces interventions ont eu des résultats. Mais il est d'autres interventions individuelles des membres du Bureau de la Section des Bourses, faites chaque fois qu'ils étaient sollicités en faveur d'un camarade arrêté ou en danger d'être condamné.

C'est au Congrès de dire s'il désapprouve toutes ces démarches entreprises auprès des autorités, à titre de solidarité envers les camarades. La dignité des délégués n'eût à souffrir de la moindre atteinte, leur attitude n'étant nullement celle d'humbles solliciteurs. Le Comité n'a de remords pour aucune. Une organisation ouvrière doit profiter de l'influence que lui donne son importance aux yeux de toutes les autorités bourgeoises, pour empêcher ses militants les plus humbles comme les plus connus, d'être des victimes de classe de la bourgeoisie.

Appels à la solidarité

A différentes occasions, le Comité des Bourses fut sollicité de faire appel à la solidarité des Bourses. Par la *Voix du Peuple* et par circulaires spéciales, adressées particulièrement à chaque Bourse du Travail ou Unions locales, le Comité appuya les appels en faveur de la Bourse du Travail du Havre et des Employés de tramways de Cette, pour ne citer que ces deux cas.

La Bourse du Travail du **Havre**, malgré les efforts persévérants d'une poignée de militants, n'arrivait pas à faire face à ses charges. Le Comité des Bourses transmit son appel en l'appuyant. Bien surchargés par les frais de la lutte, par les secours aux grèves, par les suppressions de subventions, les Bourses du Travail répondirent quand même à l'appel et, si peu qu'elles firent parvenir à la Bourse du Travail du Havre, celle-ci comprit que la solidarité n'était pas chose vaine entre les Bourses fédérées, avec l'intermédiaire efficace du Comité de la Section des Bourses. D'autres Bourses encore furent secourues de même façon.

Pour les **Employés des tramways électriques de Cette**, sur la demande de la Bourse du Travail de Cette, un appel fut lancé qui donna quelques résultats encourageants aux vaillants grévistes de Cette.

Antimilitarisme. — Relations à établir entre syndiqués et soldats

La Fédération des Bourses, avant que l'Unité ouvrière fut proclamée, ne négligea jamais la question si importante de l'antimilitarisme. La Section des Bourses n'a pas dérogé à la tradition.

C'est ainsi que le Comité des Bourses, toujours soucieux de relier plus étroitement entre eux les ouvriers syndiqués et les soldats, étudia les propositions qui lui étaient présentées comme susceptibles d'établir de façon plus efficace, des liens moraux et matériels de fraternité entre les camarades de la caserne et ceux de l'usine ou des champs.

Dans sa séance du 13 janvier 1905, on présentait au Comité des Bourses la proposition d'adresser tous les ans une circulaire à chaque syndicat, quelques jours avant le départ de la classe. Cette circulaire aurait eu pour but d'inviter instamment les Syndicats à faire parvenir assez tôt, à leur Bourse du Travail ou directement à la Section des Bourses, les noms et la destination des ouvriers syndiqués de leur syndicat, qui partent à la caserne. Ces renseignements aussitôt obtenus, auraient été classés par le Bureau de la Section des Bourses et chaque Bourse du Travail aurait reçu le nom et la profession du camarade encaserné dans la localité.

Malheureusement, cette proposition n'était que le renouvellement d'une proposition bien antérieure et mise en exécution, mais qui ne donna pas les résultats qu'on en attendait, pour différentes raisons dont la suivante est une des principales : des syndicats et non des moindres, ont créé des caisses de secours à leurs syndiqués soldats, ils leur font parvenir ces secours et des journaux corporatifs avec une louable prudence. Ces syndicats craignent qu'en donnant la liste de leurs syndiqués partant à la caserne à d'autres organisations, même centrales, celles-ci n'aient pas la même prudence et fassent parvenir à ces camarades des lettres ou des publications compromettantes. C'est un souci bien légitime, mais on nous permettra de trouver que cette méfiance à notre endroit est singulièrement exagérée, car les militants de la Section des Bourses les plus insouciants pour eux-mêmes des conséquences d'une propagande qu'ils jugent utile, ne feraient rien qui puisse compromettre un jeune soldat auprès de ses chefs.

Enfin, cette proposition fut la cause d'une discussion intéressante sur ce sujet et suscita une autre proposition que le Comité prit en considération et dont le Bureau aurait tenté la réalisation si les circonstances lui en avaient donné le temps. Voici, à peu près, cette autre proposition :

Proposition. — « Etant donné d'abord que les Bourses ont une permanence quotidienne, et qu'ensuite un militant serait matériellement incapable de recevoir chez lui aussi bien et aussi souvent qu'il le voudrait, un militaire sympathique ;

« Que, de plus, les relations par correspondances avec les soldats, ou les invitations qui leur pourraient être faites de se rendre à la Bourse du Travail ou au syndicat de la localité où ils sont en garnison, risquent beaucoup de leur créer des ennuis graves vis-à-vis de leurs chefs ;

« Pour ces motifs, est proposée :

« La création d'une petite *Carte de reconnaissance*. Le soldat qui en serait possesseur n'aurait qu'à l'exhiber au secrétaire de l'organisation syndicale ou au militant auquel il se présenterait. Cette carte porterait le nom et la profession du porteur et une marque spéciale de la C. G. T. ou de son syndicat. »

Le Congrès ou la Conférence des Bourses, que les liens entre soldats et syndiqués ne peuvent laisser indifférent, examinera et donnera son avis sur la proposition.

L'initiative des Bourses dans la propagande antimilitariste n'a pas toujours été suivie de l'effort désirable.

Quelques Bourses seulement ont organisé des meetings ou des soirées éducatives à l'occasion du départ de la classe. La question antimilitariste, inséparable de la question syndicale, n'a pas été agitée avec assez d'intensité, surtout à l'approche du 1er mai dernier. Cependant, jamais une manifestation comme celle-là n'a fait sentir l'urgence qu'il y avait de redoubler d'activité.

Le Comité des Bourses, de son côté, n'a pas eu l'occasion de faire autre chose que continuer la publication et la diffusion du *Manuel du Soldat*. Certes, le chiffre de tirage (200,000) atteint à ce jour, serait des plus satisfaisants, si nous faisions de cette brochure une simple affaire de vente. Mais il y a la propagande qui s'est relâchée. Car cette brochure n'a rien perdu de son importance et de son actualité, puisque tous les ans des conscrits nouveaux, des jeunes ouvriers, ont besoin de notre propagande. Les militants se trompent eux-mêmes en se figurant qu'une brochure perd de sa valeur, parce qu'elle est connue, très connue d'eux et qu'elle n'est plus nouvelle. Qu'ils la propagent parmi les jeunes et ils verront que la même bonne impression éprouvée par eux lorsqu'ils la lurent pour la première fois, les conscrits, les jeunes soldats l'éprouveront, si cette brochure leur est encore inconnue. Sans cette fâcheuse illusion, ce n'est pas 200,000, mais 500,000 exemplaires du *Manuel du Soldat* que la Section des Bourses aurait pu écouler.

Cependant, il faut reconnaître que, comme le Comité des Bourses, les Bourses du Travail et les syndicats ont, en grand nombre, manifesté leur sympathie et leur confiance aux militants ouvriers, condamnés pour leur ardeur dans la propagande antimilitariste, corollaire de la propagande syndicaliste.

Les marques de sympathies prodiguées par les organisations syndicales aux militants ouvriers en prison, l'appui moral et matériel qui leur a été donné, prouvent assez que la classe ouvrière discerne ceux des siens qui mettent à son service toute leur activité de militants syndicalistes et toutes leurs convictions révolutionnaires. Un tel encouragement leur suffit.

Pour les révolutionnaires russes

Pas un moment le Comité des Bourses ne s'est désintéressé des phases successives de la révolution du peuple russe.

La Section des Bourses ne manqua pas, chaque fois qu'elle en eût les moyens et l'occasion, de participer à l'agitation en faveur des ouvriers et paysans russes en révolte.

C'est ainsi qu'elle participa à un grand meeting au Tivoli-Vaux-Hall, à Paris.

Il est vrai que ce ne fut pas précisément la C. G. T. qui fut l'organisatrice de ce meeting et qu'une protestation dût être adressée en son nom au *Comité socialiste*, organisateur réel de ce meeting, auquel la C. G. T. avait participé parce qu'on avait trompé ses délégués en leur disant qu'il était organisé par des réfugiés russes. Ce qui était faux.

En outre, de cette participation de ses militants aux meetings en faveur des révolutionnaires russes, le Comité des Bourses, en janvier 1905, adressa à toutes les Bourses adhérentes à la Section, une circulaire spéciale, encourageant les Bourses à une agitation intense en faveur du peuple russe en révolte.

Pour le repos hebdomadaire et la journée de huit heures

Sans nuire à la partie consacrée à l'action du Comité confédéral pour la propagande des Huit heures, contenue dans le rapport de la C. G. T., la Section des Bourses peut dire en quelques lignes l'action particulière qu'elle a exercée.

C'est au mois de mars 1905 que fut adressée aux Bourses du Travail ou Unions locales de syndicats, la circulaire suivante :

CONFÉDÉRATION GÉNÉRALE DU TRAVAIL — SECTION DES BOURSES

« Aux camarades Secrétaires et Militants des Bourses du Travail ou Unions
« locales de Syndicats. »

« CHERS CAMARADES,

« Relativement aux Huit heures, à peu près toutes les Bourses du Travail ou Unions locales se disposent à seconder les efforts de la Confédération générale du Travail pour que, conformément à la décision du Congrès de Bourges, les travailleurs aient obtenu, au *Premier Mai* 1906, la *Journée de Huit heures de travail* au plus et sans diminution de salaire.

« Le Prolétariat organisé de France a maintenant une occasion sans pareille de prouver sa force et sa vitalité. Une fois conquise de haute lutte par la classe ouvrière, cette journée de huit Heures contribuera certainement à affermir le prolétariat, dans sa confiance en lui-même. Ce succès sera le présage de succès plus importants encore qui nous achemineront sûrement vers l'émancipation intégrale des travailleurs par eux-mêmes.

« Mais en attendant, et pour nous affirmer de suite, n'est il pas nécessaire de revendiquer et d'obtenir immédiatement le *Repos hebdomadaire*, pour tous ceux de nos camarades qui ne l'ont pas encore ?

« Dans certaines villes où il existe des Bourses du Travail, il nous a été donné le salutaire exemple de l'action directe à entreprendre sur le patronat, pour que le *Repos hebdomadaire* de trente-six heures consécutives soit accordé à ceux qui en sont privés. Si nous voulons que cette revendication soit un fait acquis, imitons les camarades qui ont agi !

« Des corporations très fortes et très intéressantes, nationalement organisées, comme celles de l'Alimentation, des Coiffeurs, des Employés, etc., sont décidées à obtenir, coûte que coûte, le *Repos hebdomadaire*. Elles ont le droit de compter sur la solidarité effective des autres corporations.

« Allons-nous, syndicalistes militants, qui jouissons pour la plupart du *Repos hebdomadaire*, laisser ces camarades des autres corporations (moins heureuses que les nôtres) agir seuls ? — Non !

« C'est parce que nous connaissons l'intérêt physique, moral et social qu'il y a de bénéficier du *Repos hebdomadaire*, que nous devons le vouloir pour tous, comme nous voulons pour tous la *Journée de Huit heures*.

« A l'œuvre donc, pour le *Repos hebdomadaire*, **de suite** et pour la *Journée de Huit heures* au **Premier Mai** 1906.

« Dans chaque Bourse du Travail, il y a urgence pour les syndicats à se réunir entre eux et à décider d'une action commune à entreprendre immédiatement.

« Afin de marcher tous d'accord et avec ensemble pour la *Conquête des Huit heures*, obtenons vite le *Repos hebdomadaire* pour tous !

« Actuellement, le Sénat semble disposé à adopter définitivement un projet de loi relatif au *Repos hebdomadaire*. C'est déjà le résultat de l'agitation faite par les travailleurs. C'est un motif pour ceux-ci de redoubler d'efforts. Soyons persuadés qu'une loi ne donnera jamais le *Repos hebdomadaire* dans les conditions où le veulent ceux des travailleurs qui savent qu'une réforme ne se donne pas, mais qu'il faut l'arracher !

« Nous comptons sur vous, chers camarades, pour faire le nécessaire, dès maintenant, en vue d'une agitation intense pour le *Repos hebdomadaire* qui est corollaire de l'action pour les *Huit heures*, et qui est une condition du succès de cette dernière revendication.

« Bon courage et fraternels saluts.

« Pour le Comité des Bourses,

Le Secrétaire,

G. YVETOT.

Le Comité des Bourses, comme on le voit, ne manqua jamais une occasion d'entretenir la confiance et l'enthousiasme des travailleurs en secondant, dans les Bourses du Travail ou Unions locales, les efforts des différentes Fédérations en lutte pour l'obtention du Repos hebdomadaire, sans négliger l'action pour les Huit heures. Inutile d'insister sur les multiples exhortations faites aux militants de partout, par les militants du Comité des Bourses qui n'ont jamais marchandé leurs efforts.

De leur côté, les Bourses du Travail n'ont pas trompé l'attente du Comité. Elles ont organisé les meetings, reçu les militants, distribué et affiché les imprimés. La plupart d'entre elles ont été les véritables foyers d'agitation qu'elles devraient être toutes et toujours.

Le Congrès d'Amiens pensera sans doute que la Section des Bourses fit mieux de se joindre à l'action, à toute l'action, entreprise en faveur des Huit heures, que de dépenser son activité en des questions secondaires, sur lesquelles les congrès corporatifs se sont prononcés.

Congrès d'hygiène

A plus forte raison, le Comité des Bourses devait décliner l'invitation qui lui était faite par une institution bourgeoise étrangère à l'organisation syndicale, d'assister à un Congrès d'Hygiène. Il passa à l'ordre du jour sur cette invitation, les syndicats adhérents à la C. G. T. ayant la faculté de porter eux-mêmes l'étude ou la discussion d'une telle question à leur comité fédéral ou au congrès corporatif.

Congrès des accidents du travail

Ce ne sont certainement pas les mêmes raisons qui incitèrent le Comité des Bourses à ne pas s'associer aux travaux de ce Congrès organisé par des groupements syndicaux.

Le Comité des Bourses ne crut pas de son rôle de s'occuper d'un Congrès organisé à la Bourse du Travail de Cette sur les accidents du travail, parce qu'il estimait d'abord que l'autonomie des Bourses était à respecter en cette circonstance comme en toute autre, dès l'instant qu'il n'y avait aucune dérogation aux statuts confédéraux et que les décisions des Congrès nationaux de la C. G. T. n'étaient aucunement violées ; ensuite, il estima également qu'il n'y avait pas lieu pour la Section des Bourses de participer à un Congrès spécial sur une question particulière qui pouvait tout au plus faire l'objet d'une question à porter à l'ordre d'un Congrès corporatif ou de la Conférence des Bourses. En tout cas, le Comité des Bourses ni son bureau n'ont rien fait qui puisse faire croire à son hostilité contre ce congrès ou contre ses organisateurs. Le silence du Comité des Bourses à ce sujet fut la preuve de sa neutralité.

Syndicats d'Instituteurs

Avant son dernier Congrès (Alger 1902), la Fédération des Bourses s'était occupée de la question des instituteurs. C'est à ce Xme Congrès des Bourses du Travail que furent formulées les propositions les plus catégoriques en faveur des syndicats d'instituteurs. A ce moment, on se demandait seulement s'il fallait accepter les Amicales d'instituteurs dans les Bourses du Travail. Depuis, l'idée a fait du chemin. Depuis, le Comité des Bourses n'a cessé d'encourager à la formation de syndicats d'instituteurs et à leur admission dans les Bourses du Travail.

Ce n'est qu'en ces deux dernières années que la question a pris beaucoup plus d'importance. La Section des Bourses est satisfaite de l'avoir mise en route.

Plusieurs lettres de Bourses du Travail sont venues nous demandant des renseignements précis sur l'admission des syndicats d'instituteurs. Le Comité des Bourses ne fit, chaque fois, que se reporter à la décision du Congrès d'Alger, et la question, en s'amplifiant, devenait une question tout à fait corporative et, par conséquent, du ressort de la Section des Fédérations.

Dans une de ses séances de l'exercice courant, le Comité constata que sa tâche avait été, depuis 1902, de s'appliquer à transformer les *Amicales d'instituteurs* en *Syndicats ouvriers*, en invitant les militants ouvriers de partout à les admettre comme tels dans les Bourses du Travail. Il s'est maintenant créé des syndicats d'instituteurs en bien des endroits. Les Bourses du Travail d'Amiens, Bourges, Perpignan, Toulon, etc., ont chacune en leur sein un syndicat d'instituteurs. La question ne se posait plus.

Pourtant un certain nombre de militants conservaient encore une certaine méfiance envers ces syndicats d'instituteurs. L'appoint des instituteurs dans les organisations ouvrières ne fut pas aussi bien accueilli partout. Même au Comité des Bourses, le secrétaire dût soulever à nouveau la question afin de donner aux camarades adversaires de l'entrée des instituteurs dans les groupements syndicaux de la C. G. T., l'occasion d'exposer leurs motifs de méfiance à ce sujet.

Dans sa séance du 11 août 1905, le Comité s'engagea dans une intéressante discussion sur la question. Suivant qu'ils étaient *pour* ou *contre* l'entrée des instituteurs dans le mouvement ouvrier, chacun des militants du Comité des Bourses qui prirent part à la discussion exposa ses idées sur la question. Le principal grief contre les instituteurs était celui-ci : « Les instituteurs étant fonctionnaires de l'Etat ou se jugeant tels, espèreront toujours plutôt une amélioration possible à leur sort par l'Etat lui-même, suivant la confiance qu'ils mettront en lui, que par leurs propres forces, par leur association et avec l'appui des autres syndicats ou de la C. G. T., qu'ils méconnaissent ou dédaignent. Leur mentalité syndicale est à faire. »

A cet argument fut opposé cet autre : « Les instituteurs sont tous les jours plus nombreux, qui comprennent combien leur tâche, est ingrate d'enseigner selon les dogmes de l'Etat ; ils sont plus nombreux aussi, ceux qui comprennent combien ils sont exploités et voués à un sort longtemps misérable s'ils ne savent s'unir et imposer à leur patron, l'Etat, des réformes et des améliorations immédiates à leur condition. Enfin, la plupart des instituteurs qui ont manifesté quelque velléité de conscience de classe, ont compris que travailleurs et exploités eux-mêmes, ils avaient le devoir de s'unir aux travailleurs dont ils instruisaient les enfants, en se groupant comme eux, pour lutter avec eux, en vue de leur émancipation. »

Après cette discussion qui était utile, le Comité décida de continuer à marcher dans la bonne voie où il s'était engagé depuis le Congrès d'Alger.

L'acharnement mis par certains gouvernants, par certains législateurs pour empêcher la formation des syndicats d'instituteurs ; l'intimidation, les menaces qui leur ont été faites par les autorités académiques pour empêcher leurs Amicales ou leurs syndicats d'entrer dans les Bourses du Travail et surtout d'adhérer à la C. G. T., leur a indiqué, mieux que notre propagande, la nécessité de s'unir à nous par devoir de solidarité, et par intérêt de classe.

Le Comité de la Section des Bourses se félicite d'avoir beaucoup fait en faveur des syndicats d'instituteurs.

Employés d'Octroi

A une Bourse de Travail qui nous demandait s'il y avait lieu d'admettre en son sein un syndicat d'employés d'octroi déguisé en association pour se conformer à la loi, il lui a été répondu, au nom du Comité des Bourses qui examina le cas : « Si la Bourse du Travail, dont nous respectons avant tout l'autonomie, considère cette association d'employés d'octroi comme un syndicat et que cette association consente aux mêmes charges, aux mêmes devoirs que les autres syndicats adhérents à la Bourse du Travail, celle-ci peut l'accepter et doit lui donner les mêmes avantages dont jouissent les autres syndicats. »

L'Office

Sa situation en 1904-1905.

Ce chapitre fit toujours l'objet d'une question spéciale en dehors des faits de l'exercice en cours. Aussi, nous n'en parlerons ici que très sommairement.

A la fin de l'année 1904, il n'y avait plus d'argent pour continuer le service de l'*Office national ouvrier de Statistique et de Placement*.

Le délégué de l'Office fit connaître la situation au Comité des Bourses. Une somme de plus de 300 francs était déjà due pour l'impression de la feuille hebdomadaire.

Au commmencement de l'année 1905, le Comité examina la situation de l'Office. Elle était plutôt mauvaise.

Le budget du Commerce, auquel se rattache la subvention de l'Office n'était pas encore voté au Sénat. Au cas où la subvention aurait été votée, on ne pouvait espérer la toucher avant le mois de juillet. Le délégué à l'Office jugeait inutile d'augmenter la dette à l'imprimeur. Le Comité discuta pour savoir s'il y avait lieu de continuer ou non l'impression de la feuille. A l'unanimité moins six voix, il fut décidé de continuer la publication de la feuille qu'on dût cependant suspendre à la fin de l'année 1905, faute d'argent pour continuer, la subvention n'ayant pu encore être touchée.

La Subvention

Enfin, au milieu d'avril 1905, la subvention était votée. Mais le Comité des Bourses trouva inadmissible la suppression du chapitre spécial affecté habituellement, dans le budget du Commerce, à l'Office national ouvrier de statistique et de placement. Le Comité vota une résolution qui consistait à n'accepter la subvention qu'à la condition qu'elle ne fut pas comprise dans la somme globale d'un chapitre attribué à une destination autre que l'Office.

Enfin, c'est à grand peine, qu'au commencement de cette année, on put obtenir de quoi payer les dettes faites par l'Office.

Circulaires et articles contre l'Office

C'est à ce moment que le secrétaire de la Bourse du Travail de Reims fit paraître des articles contre l'Office et l'emploi de sa subvention. De plus, il adressa une circulaire du même genre à la plupart des Bourses. Des calomnies, des injures et des allusions malveillantes, formaient tout le contenu des articles et de la circulaire en question.

Le Comité donna la solution qui lui sembla convenable, à cette inqualifiable façon d'agir du secrétaire de la Bourse du Travail de Reims. Les Bourses ont, sans doute, encore présente à la mémoire, la circulaire qui leur fut adressée par le Bureau au nom du Comité des Bourses. Leur opinion doit être faite.

Le plus regrettable de tout cela, c'est que trois ou quatre séances du Comité des Bourses furent presque entièrement consacrées à discuter ces faits. C'est pourquoi nous les rappelons ici.

Viaticum

Ainsi qu'on s'en rendra compte par un rapport spécial sur la question du Viaticum, le Comité des Bourses s'appliqua à exécuter la décision de la Conférence de Bourges qui se résumait ainsi :

« Etant données les difficultés pratiques qui existent encore pour établir le viaticum obligatoire, la Conférence des Bourses, reconnaissant la nécessité de développer progressivement l'application du principe du viaticum, propose de maintenir le *statu quo*, modifié par l'obligation du livret, et renvoie à l'étude des Bourses et des Syndicats le projet de la Commission qui sera étudié au prochain Congrès. Ce projet sera suivi des critiques apportées par Niel, et le rapporteur pourra faire valoir l'économie du projet. »

De plus, le vœu avait été formulé de demander des renseignements à l'étranger. Sauf ce dernier point, le Comité des Bourses et son Bureau se sont bornés à exécuter ces décisions. La Conférence des Bourses, nous l'espérons, prendra une résolution définitive pour que cette institution du viaticum soit un fait accompli et que le Comité des Bourses n'ait plus, selon ses indications, qu'à assurer le fonctionnement du Viaticum des Bourses.

Unions départementales ou régionales

Pour cette question également, la Congrès corporatif l'ayant mis à son ordre du jour, des rapports seront fournis à son sujet.

Les Bourses se rendront facilement à l'évidence qu'il y a nécessité d'encourager partout où il sera possible, la création d'Unions départementales ou régionales.

En effet, la multiplication des Bourses du Travail ou Unions locales, n'englobant chacune que les syndicats de la même ville, sont toujours plus rares. Les Unions locales s'étendent bien plus loin que les limites d'une ville ou d'un centre industriel.

D'autre part, l'organisation syndicale est entrée dans une phase nouvelle. Nous n'en sommes plus à la trentaine de Bourses du Travail ou Unions locales, disséminées aux quatre coins du pays. Il n'y a maintenant que quelques localités, peu ou pas industrielles, où les syndicats soient inconnus. De plus, l'importance de nos Unions elles-mêmes, leur fait un devoir de moins compter sur l'organisme central qu'est la C. G. T. (Section des Bourses), et de décentraliser un peu l'action et la propagande syndicales. Le Comité des Bourses, fidèle aux principes fédéralistes sur lesquels est basée la Section des Bourses, devait, de lui-même, faciliter la décentralisation. C'est l'intérêt moral et l'intérêt matériel de l'organisation syndicale qui l'exigent. C'est le développement logique du syndicalisme fédéraliste qui l'impose. Les Bourses du Travail ou Unions locales l'ont déjà compris, puisque beaucoup d'entre elles sont d'ores et déjà formées en Unions départementales. A la Conférence et au Congrès d'Amiens nous ne doutons pas qu'il sera donné mandat à la Section des Bourses de s'organiser en vue de constituer des Unions départementales ou régionales de toutes ses Bourses ou Unions locales actuellement adhérentes, sans froisser l'autonomie d'aucune et sur les indications qui seront adoptées à Amiens.

Propositions et vœux du dernier Congrès

Viaticum. — Nous avons dit comment le Comité avait mis à exécution les décisions prises à Bourges au sujet du *Viaticum*.

Appointements. — Suivant les indications données par la Conférence des Bourses, le Comité décida le maintien des appointements du secrétaire à 250 fr. par mois.

Sur la proposition même des permanents du Bureau confédéral, la somme de 25 francs par mois fut retranchée sur les appointements de chaque fonctionnaire, pour le local provisoire de la C. G. T., depuis son départ de la Bourse du Travail de Paris.

Délégations. — Le Comité a maintenu le prix de 15 francs par jour, y compris le salaire, pour ses militants en délégation. Cependant, de grandes économies ont été réalisées sur ce point par les permanents qui sont allés en délégation et n'ont compté que leurs dépenses indispensables.

Brochures de renseignements syndicaux. — Une brochure spéciale sur les moyens de former des syndicats et des Unions locales de syndicats ou Bourses du Travail, est restée à l'état de projet. L'urgence d'une telle brochure donnera l'occasion au Comité des Bourses de la réaliser après le Congrès d'Amiens, où des modifications pourraient être apportées aux statuts de la Section des Bourses, en particulier, du fait de la mise à l'ordre du jour de la question des Unions départementales.

Fascicule de renseignements juridiques. — Nous avons dit, au cours de ce rapport, les raisons qui nous ont fait négliger ce projet.

Exactitude des délégués au Comité. — La Conférence des Bourses avait formulé le vœu que soit appliqué l'article des statuts concernant les délégués au Comité qui s'absentent plus de trois fois sans excuse. Le Comité prit la résolution de se conformer à ce vœu. Cependant, le Bureau, bien qu'il convoquât chaque fois individuellement les membres du Comité, dut constater que la plupart des militants, accaparés par les réunions et les délégations, négligeaient de s'excuser. Il eut été bien rigoureux de leur appliquer l'article des statuts concernant leurs absences réitérées sans excuses et cependant excusables. D'autre part, si le Bureau avait pris sur lui de demander le changement de certains délégués qui ne vinrent aux séances où il s'agissait de voter contre leur mandat, on n'eût pas manqué de le taxer de partialité. Le Bureau constata simplement les présences motivées de ces délégués et leurs absences sans excuses. C'est plutôt aux Bourses qu'il appartient de s'occuper de leurs délégués. Parmi les délégués venus subitement au Comité des Bourses, pour la nomination du Bureau, la plupart n'en font déjà plus partie ou sont rarement revenus.

Referendum sur la subvention. — Il n'y eût pas lieu de faire un referendum sur la subvention, mais le Comité usa du referendum chaque fois qu'il fût nécessaire.

Placement. — L'agitation incessante en faveur des huit heures obligea le Comité à négliger cette question et à remettre à une autre époque, l'enquête auprès des Bourses sur leur façon de faire le placement et d'en communiquer les résultats aux Bourses, afin qu'elles puissent s'inspirer du système de placement qui lui semblera le meilleur.

Nomination du Bureau. — Les Bourses se souviennent des incidents qui ont entouré les élections du secrétaire de la Section des Bourses. Elles ont eu connaissance des manœuvres employées contre le Bureau actuel par certains délégués. S'il plaît au Congrès ou à la Conférence des Bourses de connaître en détail les incidents de cette élection, un rapport oral les édifiera.

CONCLUSION

En cette période d'action syndicale de deux années, qu'on peut appeler *période de la conquête des Huit heures*, c'est en commun que, le plus souvent, les deux sections ont agi, selon leurs attributions distinctes et selon leurs moyens particuliers.

C'est ce qui explique la brièveté relative du rapport de la Section des Bourses.

Aux Unions locales ou Bourses du Travail, nous le présentons, afin qu'elles l'examinent, le discutent et donnent sur tous les faits qu'il relate, sur tous les espoirs qu'il forme, les appréciations, approbatives ou non, qu'il leur conviendra.

La Conférence des Bourses voudra bien tenir compte de la part qu'a prise la Section des Bourses à toute l'agitation syndicale faite, en conformité du Congrès de Bourges. D'ailleurs, la situation actuelle de la Section des Bourses prouve assez éloquemment combien efficace est l'action. C'est elle qui a contribué à l'éclosion d'unions locales dans des régions où les organisations syndicales n'avaient encore jamais existé. C'est à l'action qu'on doit le développement de bien des Bourses du Travail anciennes.

Et puis, la guerre faite contre certaines Bourses par les municipalités, n'est-elle pas aussi la preuve, pour toutes les Bourses, qu'il y a urgence à ce qu'elles se rendent autonomes. C'est là une des conditions principales pour le bon fonctionnement des Bourses qui veulent rester dans le principe fédéraliste.

Une autre condition importante d'indépendance et de prospérité des Bourses du travail, c'est surtout qu'elles sachent se maintenir scrupuleusement sur le terrain économique, loin des discussions et des divisions politiques. Leur vitalité, l'union de leurs membres est partout subordonnée à l'observation de ce principe : pas de politique au sein des Bourses du Travail.

Que les Bourses du Travail ou Unions locales soient composées de syndicats dits « réformistes » et de syndicats dits « révolutionnaires », il n'y aura pas motif à division entre eux, s'ils s'abstiennent de mêler l'action politique à l'action économique. Celle-ci se suffit à elle-même pour le rôle qu'elle s'assigne : améliorations immédiates du sort des travailleurs aux points de vue moral et matériel ; et pour le but qu'elle veut atteindre : suppression du patronat et du salariat.

La *Section des Bourses* est restée ce que fut la *Fédération des Bourses*, c'est-à-dire qu'elle ne dévia jamais de son droit chemin sur le terrain économique. C'est pourquoi, en toute indépendance, elle a pu agir. Jamais les militants syndicalistes sincères auxquels les Bourses ont confié le mandat de les représenter au Comité des Bourses, ne laisseront celui-ci s'écarter de son principe fondamental : la lutte économique dégagée de toute influence possible de la politique et des politiciens.

Ce ne sont pas les subventions gouvernementales qui ont pu troubler notre tactique syndicale révolutionnaire. Ce ne sont pas les condamnations de nos militants qui nous empêcheront de faire la propagande antimilitariste et antipatriote, toujours plus nécessaire, si nous voulons sérieusement le triomphe de nos revendications par la Grève générale, première phase de la Révolution sociale.

Pour le Comité des Bourses :

Le Secrétaire :

Georges YVETOT.

Dans sa séance extraordinaire du 3 août, le Comité, à l'unanimité, adopta ce rapport.

Situation financière des Bourses du Travail, du 1er Juin 1904 au 31 Mai 1906

BOURSES FÉDÉRÉES	EFFECTIF de syndicats 1904	EFFECTIF de syndicats 1906	POUR LES MOIS DE :	SOMMES versées	RESTE DU
1. Aix	6	6	1er avril 1904 au 31 mars 1906 . . .	50 40	»
2. Agen	18	18	1er avril 1904 au 31 décembre 1905 .	133 »	6 mois.
3. Agde	5	5	1er avril 1904 au 31 mars 1906 . . .	42 »	3 mois.
4. Alais	7	7	1er avril 1904 au 31 mars 1906 . . .	60 »	3 mois
5. Albi.	7	8	1er avril 1904 au 30 juin 1906 . . .	73 50	»
6. Alençon	10	5	1er juillet 1904 au 31 décembre 1905	31 50	6 mois.
7. Alger	15	15	1er janvier 1905 au 31 décembre 1905	63 »	6 mois.
8. Amiens.	7	30	1er avril 1904 au 30 juin 1906 . . .	162 75	»
9. Angers.	30	31	1er avril 1904 au 31 mars 1906 . . .	232 »	3 mois.
10. Angoulême	16	16	1er avril 1904 au 31 décembre 1905 .	117 60	6 mois.
11. Ardennes (Fédération des) (Adhésion 1er sept. 1905)	»	6	1er septembre 1905 au 30 juin 1906. .	25 20	»
12. Arles	6	6	1er juillet 1904 au 30 juin 1906. . .	50 40	»
13. Auch (Adhésion 1er août 1904). .	»	7	1er août 1904 au 30 septembre 1905.	42 20	9 mois.
14. Auxerre	5	5	1er juillet 1904 au 30 juin 1906 . . .	42 »	»
15. Avignon (Adhésion 1er juillet 1905)	»	14	1er juillet 1905 au 38 septembre 1905	15 25	Démissionnaire.
16. Bagnères-de-Bigorre.	10	7	1er janvier 1904 au 30 juin 1906 . .	73 50	»
17. Bayonne	10	13	1er janvier 1904 au 30 juin 1904 . .	24 15	24 mois.
18. Bédarieux (Adhésion 1er octobre 1904)	»	5	1er octobre 1904 au 31 octobre 1905.	20 50	9 mois.
19. Belfort	14	13	1er janvier 1904 au 30 juin 1906 . .	136 90	»
20. Besançon	15	15	1er avril 1904 au 30 juin 1906 . . .	141 75	»
21. Béziers	18	18	1er juillet 1904 au 30 juin 1906 . .	151 20	»
22. Blois	5	5	1er juillet 1904 au 30 juin 1906 . .	42 »	»
23. Bordeaux	36	36	1er avril 1904 au 30 juin 1906 . . .	327 40	»
24. Boulogne-sur-Mer	8	8	1er juillet 1904 au 31 mars 1906 . .	64 »	3 mois.
25. Bourges	14	14	1er juillet 1904 au 30 septembre 1905	132 30	9 mois.
26. Bourg	5	5	1er janvier 1904 au 30 juin 1906 . .	52 20	»
27. Brest (Fermée par le Gouvernement). .	6	10	1er juillet 1904 au 31 décembre 1905	63 »	6 mois.
28. Brives	9	9	. . . .	» »	30 mois.
29. Caen (Adhésion 1er juin 1906) . .	»	10	. . . .	» »	»
30. Cahors (Adhésion 1er mai 1905) .	»	12	1er mai 1905 au 30 novembre 1905. .	29 40	9 mois.
31. Calais	6	6	. . . .	» »	33 mois.
32. Carcassonne	5	5	1er janvier 1904 au 31 décembre 1905	42 »	6 mois.
33. Castres (Adhésion 1er octobre 1904)	»	13	1er octobre 1904 au 30 juin 1906 . .	105 85	10 f. 30 av. sur 3e trim. 1906.
34. Cette	25	25	1er juillet 1904 au 31 décembre 1905	158 »	6 mois.
35. Chalon-sur-Saône (Exonérée jusq. 31 décembre 1904).	»	5	1er janvier 1904 au 31 décembre 1905	21 »	6 mois.
36. Chartres	8	5	1er janvier 1904 au 31 décembre 1905	42 »	6 mois.
37. Châteauroux	6	8	1er juillet 1902 au 30 juin 1906 . .	134 40	»
38. Chauny (Adhésion 1er octobre 1904)	5	5	1er octobre 1904 au 30 juin 1905 . .	15 95	12 mois.
39. Charenton (Adhésion 1er janvier 1906)	»	5	1er janvier 1905 au 31 mars 1906 . .	5 25	3 mois.
40. Cherbourg (Adhésion 1er décembre 1904).	»	13	1er décembre 1904 au 30 septembre 1905.	49 »	9 mois.
41. Cholet	5	5	1er janvier 1904 au 31 décembre 1905	21 »	6 mois.
42. Clermont-Ferrand	»	18	1er octobre 1903 au 30 juin 1906. .	139 65	»
43. Clichy (Adhésion 1er mars 1905) . . .	5	6	1er mars 1905 au 31 mars 1906 . .	26 60	3 mois.

BOURSES FÉDÉRÉES	EFFECTIF de syndicats 1904	EFFECTIF de syndicats 1906	POUR LES MOIS DE :	SOMMES versées	RESTE DU
44. Cognac	11	11	1er janvier 1904 au 30 juin 1906	120 »	»
45. Commentry	5	5	1er avril 1904 au 30 juin 1906	47 25	»
46. Constantine (Démissionnaire)	8	»	1er avril 1904 au 30 septembre 1905	50 40	»
47. Creil (Fédn de l'Oise. (Exonérée jusq. 1er juin 1905)	14	13	1er juin 1905 au 31 mai 1906	54 40	Le siège est à Hermes
48. Dijon	20	20	1er avril 1904 au 31 mars 1906	168 25	2 mois.
49. Dunkerque	16	16	1er janvier 1904 au 31 mars 1906	151 20	3 mois.
50. Elbeuf	6	6	1er juillet 1903 au 31 décembre 1903	12 60	30 mois.
51. Épernay	8	7	1er avril 1904 au 30 juin 1906	65 75	»
52. Évreux (Adhésion 1er août 1905)	»	5	Août 1905	1 75	19 mois.
53. Fontenay-le-Comte	6	7	1er juin 1904 au 30 juin 1905	30 45	12 mois.
54. Fougères	11	11	1er avril 1903 au 30 juin 1906	146 35	»
55. Givors	5	5	1er juillet 1904 au 30 juin 1906	42 »	»
56. Grenoble	26	26	1er avril 1904 au 30 juin 1906	245 70	»
57. Guereche (La) (Adhésion 1er février 1906)	»	10	1er février 1906 au 30 avril 1906	10 50	2 mois.
58. Issoudun (Adhésion 1er avril 1906)	»	6		» »	3 mois.
59. Issy-les-Moulineaux	5	5	1er janvier 1905 au 30 avril 1906	32 20	2 mois.
60. Ivry (Adhésion 1er juin 1904)	5	5	1er juin 1904 au 31 décembre 1905	33 20	6 mois.
61. La Rochelle	9	9	1er juin 1904 au 30 juin 1905	40 85	12 mois.
62. La Roche-sur-Yon (Adhésion 1er juin 1904)	5	5	1er juin 1904 au 30 juin 1906	43 75	»
63. Laval	6	6	1er juin 1904 au 31 mars 1906	44 10	3 mois.
64. Le Havre (Exonérée depuis le 31 mars 1904)	10	10		» »	»
65. Le Mans	13	13	1er avril 1904 au 31 mars 1906	109 20	3 mois.
66. Levallois-Perret	8	8	1er janvier 1904 au 31 mars 1906	79 10	3 mois.
67. Lille	15	15	1er juillet 1904 au 31 mars 1906	109 50	3 mois.
68. Limoges	40	40	1er juillet 1904 au 30 juin 1906	336 »	»
69. Lorient	15	15	1er juin 1905 au 31 décembre 1905	94 50	6 mois.
70. Lunéville (Adhésion 1er octobre 1905)	»	6	1er octobre 1905 au 31 mars 1906	11 55	3 mois.
71. Lyon	43	45	1er avril 1905 au 31 décembre 1905	185 »	6 mois.
72. Mâcon	5	5	1er janvier 1904 au 31 décembre 1905	42 »	6 mois.
73. Mazamet (Adhésion 1er août 1905)	»	5	1er août 1905 au 31 mars 1906	21 25	»
74. Marseille	47	70	1er juin 1904 au 30 juin 1906	612 50	»
75. Meaux (Adhésion 1er août 1905)	»	8	1er août 1904 au 31 mai 1906	21 70	1 mois.
76. Mèze (Adhésion 1er janvier 1906)	»	5	1er janvier 1906 au 30 juin 1906	10 50	»
77. Mehun-sur-Yèvre	5	5	1er janvier 1904 au 31 mars 1906	47 25	3 mois.
78. Montauban (Adhésion 1er juillet 1904)	»	8	1er juillet 1904 au 31 décembre 1905	52 50	6 mois.
79. Montluçon	10	10	1er avril 1904 au 31 décembre 1905	73 50	6 mois.
80. Montpellier	20	20	1er juillet 1904 au 30 juin 1906	168 »	»
81. Moulins	9	9	1er avril 1904 au 31 mars 1906	76 95	3 mois.
82. Nancy	13	13	1er avril 1903 au 30 juin 1904	68 20	24 mois.
83. Nantes	29	29	1er décembre 1903 au 31 janvier 1906	260 »	5 mois.
	13	16	1er avril 1904 au 30 juin 1906	118 05	»

		10	10	1er avril 1904 au 30 juin 1906 .	94 55	»
86.	Nice (Féd. des Syndic. des Alpes-Maritimes), exonérée.	18	11	1er janvier 1905 au 31 décembre 1905	54 60	6 mois.
87.	Nimes	10	10	1er janvier 1904 au 31 décembre 1905	84 »	6 mois.
88.	Niort	5	5	1er avril 1904 au 31 décembre 1905.	36 75	6 mois.
89.	Oran	9	11	1er juillet 1904 au 30 juin 1905 (	46 20	12 mois.
90.	Orléans.	12	12	1er juillet 1904 au 31 mars 1906.	88 20	3 mois.
91.	Paris	100	100	1er juillet 1904 au 30 juin 1906 .	840 »	»
92.	Pau (Adhésion 1er décembre 1904)	6	12	1er décembre 1904 au 31 décembre 1905.	54 60	6 mois.
93.	Périgueux	6	6	1er avril 1904 au 31 mars 1906 .	50 40	6 mois.
94.	Perpignan	10	10	1er avril 1904 au 30 juin 1906 .	94 50	»
95.	Poitiers.	8	10	1er octobre 1903 au 30 septembre 1904.	39 »	21 mois.
96.	Puteaux (Adhésion 1er février 1906) .	»	9		» »	5 mois.
97.	Reims	20	20	1er juillet 1904 au 30 juin 1906 .	168 »	»
98.	Rennes	17	17	1er avril 1904 au 30 juin 1906 .	160 65	»
99.	Rive-de-Gier	5	5	1er janvier 1904 au 30 juin 1906 .	52 50	»
100.	Roanne	10	12	1er avril 1904 au 30 juin 1906 .	107 10	»
101.	Rochefort-sur-Mer . . .	12	14	1er avril 1904 au 30 juin 1906 .	108 »	»
102	Romans	12	12	1er janvier 1904 au 30 septembre 1904 .	37 80	21 mois.
103.	Romorantin (Adhésion 1er juillet 1905)	»	4	1er juillet 1905 au 30 juin 1906 .	19 95	»
104.	Roubaix (Adhésion 1er juillet 1904) .	»	7	1er juillet 1904 au 31 mars 1906 .	92 45	3 mois.
105.	Rouen	18	18	1er octobre 1903 au 30 juin 1906 .	207 90	»
106.	Saint-Amand	6	7	1er avril 1904 au 31 décembre 1905 .	49 35	6 mois.
107.	Saint-Brieuc	8	6	1er avril 1904 au 30 juin 1906 .	58 80	»
108.	Saintes.	5	5		» »	39 mois.
109.	Saint-Claude	5	5	1er juillet 1904 au 31 mars 1906 .	36 75	3 mois.
110.	Saint-Chamond	6	5	1er octobre 1903 au 31 mars 1906	50 45	3 mois.
111.	Saint-Denis	5	10	1er avril 1904 au 31 mars 1905 .	36 75	15 mois.
112.	Saint-Etienne	25	25	1er avril 1904 au 30 juin 1906 .	236 25	»
113.	Saint-Nazaire	10	10	1er avril 1904 au 30 juin 1906 .	94 50	»
114.	Saint-Quentin.	20	20	1er avril 1904 au 31 mars 1906 .	168 »	3 mois.
115	Saumur (Disparue) . . .	9	»	1er avril 1904 au 30 juin 1904 .	20 10	»
116.	Soissons (Adhésion 1er janvier 1905).	»	5	1er janvier 1905 au 31 mars 1906	26 25	3 mois.
117.	Tarare	5	5	1er avril 1904 au 31 décembre 1905 .	36 75	6 mois.
118.	Tarbes	10	10	1er mars 1904 au 30 juin 1906 .	98 »	»
119.	Thiers	5	5	1er juillet 1904 au 30 juin 1906 .	41 75	»
120.	Toulon	45	45	1er juillet 1902 au 31 décembre 1905.	220 50	6 mois.
121.	Toulouse	28	28	1er avril 1904 au 31 décembre 1905.	180 »	6 mois.
122.	Tourcoing	5	4	1er avril 1904 au 31 mars 1906 .	102 45	3 mois.
123.	Tours	20	28	1er avril 1904 au 31 décembre 1905.	174 30	6 mois.
124.	Troyes	5	12	1er juillet 1904 au 31 mars 1906 .	88 20	3 mois.
125.	Tulle	10	8	1er juillet 1904 au 30 juin 1906 .	80 25	»
126.	Tunis (Adhésion 1er juillet 1904) .	»	5	Juillet 1904	1 75	(Fermée par ordre du Bey).
127.	Valence.	10	10	1er janvier 1904 au 30 juin 1906 .	104 50	»
128.	Vaucluse (Fédérat. départem¹⁰). (Adhés. 1er mars 1906).	»	7	1er mars 1906 au 31 mai 1906 .	7 35	1 mois.
129.	Versailles	5	5	1er avril 1904 au 30 juin 1906 .	47 25	»
131.	Vichy	12	12	1er janvier 1904 au 30 juin 1906 .	124 »	»
131.	Vienne (Exonérée depuis le 30 septembre 1901)	9	9		» »	»
132.	Vierzon.	7	7	1er avril 1904 au 30 juin 1906 .	65 05	»
133.	Villefranche-sur-Saône (Adhésion 1er août 1904) .	»	7	1er août 1904 au 30 avril 1906 .	51 45	2 mois.
134.	Villeneuve-sur-Lot . . .	5	5	1er janvier 1904 au 31 décembre 1904	21 »	18 mois.
135.	Vimeu-Escarbotin (Le) (Adhésion 1er juillet 1905) .	»	2	1er juillet 1905 au 30 juin 1906 .	8 75	»
	Totaux	1,349	1,609			

Sur 136 Bourses adhérentes, 129 ont versé des cotisations.

Le Havre, exonérée depuis le 1er avril 1901, a recommencé à payer à partir du 1er janvier 1906. Vienne est exonérée depuis le 30 septembre 1901. Les Bourses de Caen et d'Issoudun, d'adhésion récente, n'avaient rien à payer. Celles de Brives et de Saintes, n'ont rien versé depuis le Congrès de Bourges. Les Bourses suivantes sont en retard dans leurs paiements : Alger, 6 mois ; Auch, 9 mois ; Bédarieux, 9 mois ; Bourges, 9 mois ; Chauny, 12 mois ; Elbeuf, 30 mois ; Evreux, 19 mois ; Fontenay-le-Comte, 12 mois ; Lorient, 6 mois ; Lyon, 6 mois ; Montauban, 6 mois ; Montluçon, 6 mois ; Nancy, 24 mois ; Nice, 6 mois ; Niort, 6 mois ; Oran, 12 mois ; Poitiers, 21 mois ; Romans, 21 mois ; Saint-Denis, 15 mois ; Tarare, 6 mois ; Toulon, 6 mois

Les Bourses qui doivent le trimestre courant doivent être considérées comme étant à jour de leurs cotisations, les comptes ayant été arrêtés le 31 mai.

A partir du 1er janvier 1905, c'est l'Union des Syndicats de Lyon et de la banlieue qui remplace, à la Section des Bourses du travail, la Bourse du travail de Lyon, et la Bourse de Tulle est remplacée par la *Ruche Rouge*, depuis le 1er janvier 1906.

La Bourse du travail de Brest, en retard de 6 mois, est fermée par mesure gouvernementale. Celles de Saint-Denis, Evreux, Bédarieux, s'excusent et demandent quelques jours de crédit pour divers motifs : grèves, organisations du placement, conflits divers, etc.

Nous avons considéré comme disparues, les Bourses de la Vallée de l'Hers et de Lons-le-Saunier, dont nous n'avons pas de nouvelles depuis des années.

La Bourse du travail de Saumur, portée comme ayant payé jusqu'au 30 juin 1904, est dissoute.

Les Bourses suivantes ont payé leurs cotisations quelques jours après le 31 mai : Carcassonne, Clermont-Ferrand, Chartres, Cherbourg, Ivry, Puteaux, Aix, Lille, Alais, Agen, Saint-Quentin, Nîmes, Cette, La Rochelle, Cahors, Toulouse, Meaux, Clichy, Roubaix, Le Havre, Tourcoing, Levallois-Perret, Charenton, Angoulême, Dunkerque, Chalon-sur-Saône, Cholet, Bayonne, Nancy, Nantes, Boulogne-sur-Mer, Bayonne, Calais, Macon, Agde, Bordeaux, Le Mans, Dijon, Alençon, Pau, Périgueux, Villeneuve-sur-Lot, Saint-Amand, Saint-Claude.

Bilan de la Section des Bourses du 1er Juin 1904 au 31 Mai 1906

RECETTES		DÉPENSES	
Cotisations	11.821 10	Correspondance	457 80
Vente de Brochures	972 30	Imprimés	3.560 15
Remboursement de l'Office	2.773 25	Cotisations diverses	290 70
		Appointements	7.725 » »
		Divers et frais de bureau	544 30
		Délégations	575 70
		Loyer et installation	691 95
	15.566 65		13.845 60
En caisse le 31 mai 1904	714 65	En caisse au 31 mai 1906	2.435 70
	16.281 30		16.281 30

Recettes

Brochures. — Vente des *Manuel du Soldat.* Sur ce chapitre, il nous reste dû environ 300 fr.

Remboursement de l'Office. — Versement à la Section des Bourses de l'encaisse de l'Office, au 24 février 1906, pour rembourser les dépenses d'impressions, d'indemnité au secrétaire et envois de feuilles hebdomadaires, etc. Sommes avancées par la Section des Bourses pour le service de l'Office de Statistique et de Placement.

Ce remboursement a été effectué par décision du Comité fédéral.

Dépenses

Correspondance. — Lettres des secrétaires et trésorier, et envois des feuilles hebdomadaires pour l'Office de Statistique.

Imprimés. — Rapport du Congrès de Bourges, 253 fr. 50 ; frais d'envoi du rapport confédéral, 137 fr. ; Affiches « Retraites ouvrières, Guerre à la Guerre, et Contre l'arbitraire »; « Manuel du Soldat » et feuilles de l'Office, du 1er décembre 1904 au 5 octobre 1905.

Cotisations diverses. — 190 fr. 70 à la Commission des Grèves et de la Grève générale, et 100 fr., notre part au Secrétariat international.

Appointements. — Du secrétaire, à 200 fr. par mois, du 1er juin 1904 au 30 septembre 1904, et 250 fr. par mois jusqu'au 30 octobre 1905, et les mois suivants, 225 fr., soit pour le secrétaire, 5,575 fr. Du trésorier, une avance de 250 fr. pour ses appointements à l'Office pour décembre 1904, et 100 fr. par mois à partir du 1er janvier 1905 jusqu'au 30 octobre 1905, à partir de cette date, comme pour les secrétaires, il laisse 25 fr. par mois, soit un total de 1,850 fr., et enfin, 300 fr. versés à Delesalle, secrétaire-adjoint, pour les mois de mars, avril, mai 1906.

Frais de bureau et divers. — Envois de colis postaux, affichages divers ; chauffage, éclairage, travaux exceptionnels ; réparations diverses.

Délégations. — Griffuelhes à Tours, 36 fr. ; Yvetot à Bourges, 97 fr. 20 ; Luquet à Tours, 30 fr. ; Lévy à Bourges, 70 fr. ; Griffuelhes à Bourges, 48 fr. 75 ; Niel, grèves agricoles, 75 fr. 25 ; Griffuelhes à Berlin, 136 fr., et d'autres petites délégations.

Loyer et installation. — Achat de meubles et diverses dépenses pour la cité Riverin et la rue de la Grange-aux-Belles. Notre part de loyer dans ces deux locaux.

Le Trésorier,

Albert LÉVY.

Rapport de la " Voix du Peuple "

Depuis le Congrès de Bourges, la *Voix du Peuple* a eu à subir l'arbitraire gouvernemental qui s'est manifesté à son égard, tant dans l'ordre judiciaire, que dans l'ordre administratif et postal.

Le mobile de ces persécutions, il faut le trouver dans l'arrière-pensée des Pouvoirs publics d'enrayer la propagande syndicaliste et, principalement, de paralyser la campagne d'agitation pour les Huit heures.

Le premier acte de ces persécutions se manifesta par l'exclusion de la C. G. T., de l'immeuble municipo-préfectoral, dénommé Bourse du Travail. Le prétexte excipé fut la propagande antimilitariste faite, en octobre 1905, par le numéro de l'*Appel de la classe*, publié par *La Voix du Peuple*. Ce numéro était semblable, en allure, aux numéros de même ordre publiés précédemment sans encombre. Donc, l'attitude prise en la circonstance par l'administration préfectorale et gouvernementale était bien la caractéristique d'une volonté d'entraver la propagande syndicale.

Le résultat fut loin d'être atteint. Dans le local provisoire de la Cité Riverin, la *Voix du Peuple* continua son œuvre de vulgarisation syndicale. C'est alors que fut tenté contre elle un coup de haut arbitraire : en vertu des *lois scélérates*, et de par le bon plaisir du préfet de police, son numéro sur le *Conseil de Revision* (février 1906) était saisi à l'imprimerie, sous presse, avant la mise en vente, — par conséquent, dans des conditions d'arbitraire on ne peut plus odieuses. Pour donner un semblant d'excuse à ce coup de force, des poursuites furent engagées, pour la forme, contre les camarades : Griffuelhes, comme imprimeur-gérant ; Pouget, comme éditeur ; Grandjouan, comme dessinateur ; Delessalle, comme auteur d'un article.

Jamais il ne fut donné suite à ce procès ; aucune instruction ne fut engagée et, au bout de six mois — sans que les camarades aient été interrogés, — l'amnistie vint liquider une situation ennuyeuse pour la magistrature qui ne savait de quelle inculpation colorer son arbitraire.

Cette saisie eut, sur le développement matériel de la *Voix du Peuple*, une répercussion fâcheuse, — et d'ailleurs momentanée. Un commissaire de police avait, au cours d'une perquisition aux bureaux du journal, emporté un jeu de bandes d'abonnés. Nous eûmes ultérieurement la preuve que, nanties de cette série d'adresses, police et magistrature en usèrent pour intimider certains abonnnés.

D'autre part, sous prétexte qu'ordre avait été donné de saisir le numéro du *Conseil de Revision*, des employés des postes, — dont on ne saurait trop flétrir les instincts de basse police, — continuèrent, pendant plus de deux mois, à saisir, au fur et à mesure de leur parution, les numéros de la *Voix du Peuple*, qui leur tombaient sous la main.

De ces diverses manœuvres arbitraires, il résulta une désorganisation des services qui se traduisit par quelques désabonnements.

Si l'on ajoute que, grâce à la mauvaise administration postale, — même quand ses employés ne s'avilissent pas à des agissements policiers, — la *Voix du Peuple*, n'arrive à destination qu'avec de préjudiciables retards (ou même n'arrive pas du tout !), on s'étonnera moins que nous ayons eu à subir des désabonnements.

Ce ne sont que des désagréments momentanés, — regrettables au point de

5.

vue matériel, mais non au point de vue moral ; s'ils ont eu l'inconvénient de grever le budget du journal, car ils ont entraîné à des pertes matérielles, ils ont, d'autre part, été la preuve que la *Voix du Peuple* accomplit la fonction propagandiste qui fait sa raison d'être ; si son influence était nulle ou moins considérable, les dirigeants la persécuteraient avec moins d'acharnement.

Il suffira, pour se rendre compte de son influence, de rappeler que son action s'est manifestée, outre sa périodicité normale, par des numéros antimilitaristes publiés chacun à une trentaine de mille d'exemplaires et par des numéros du 1er mai qui furent tirés : celui du 1er mai 1905, à 85,000 exemplaires, et celui du 1er mai 1906, (portant les numéros 288 et 290), à 70,000 exemplaires.

En raison de la dépression momentanée, causée par les persécutions et la mauvaise distribution postale, la *Voix du Peuple* est, depuis dix mois, à peu près stationnaire. Son tirage hebdomadaire est d'environ 6,300 exemplaires.

Au moment où fut établi le rapport présenté au Congrès de Bourges, en 1904, son tirage était de 5,800, réparti comme suit :

Expédié à nos dépositaires directs	2.300
Livré pour le service des messageries Hachette	875
— — bibliothèques des gares	115
Abonnés . . . . :	2.100
Pour la vente à la Bourse du Travail, à Paris, pour les services et les collections	400
	5.790

Depuis lors, il s'est produit une trop légère augmentation qu'indiquent les chiffres suivants :

Expédié à nos dépositaires directs	2.200
Livré pour le service des messageries Hachette	1.150
— — bibliothèques des gares	105
Abonnés	2.350
Pour la vente à Paris, pour les services et les collections	400
	6.205

La légère diminution qui se constate dans la livraison faite pour le service des bibliothèques des gares, est le résultat d'une interdiction de vente par la Compagnie du Métropolitain de Paris, dans les bibliothèques installées dans ses gares, interdiction prononcée à la suite d'articles publiés sur l'exploitation de son personnel.

Les syndicats abonnés

Le Congrès de Montpellier (1902) stipula que les syndicats confédérés devaient être abonnés à la *Voix du Peuple*, et que cet abonnement était une des conditions de l'affiliation confédérale.

Etant donné que les syndicats ne sont confédérés que par l'intermédiaire de leur Fédération corporative et de leur Bourse du Travail, il est de toute évidence que, pour être au courant du mouvement confédéral, il y a pour eux nécessité d'être abonnés à l'organe de la C. G. T.

De cette décision, simplement logique et qui ne porte aucunement atteinte à l'autonomie des syndicats, il s'en faut que tous en aient tenu compte et s'y soient conformés. Le tableau suivant indique dans quelle proportion se répartissent, par Fédérations, les syndicats abonnés :

FÉDÉRATIONS	NOMBRE DE SYNDICATS	SYNDICATS ABONNÉS
Agricoles du Midi.	113	82
Alimentation	62	28
Allumettiers	6	5
Ameublement.	49	25
Artistes-Musiciens	24	4
Bâtiment	94	62
Bijouterie.	15	11
Blanchisseurs	4	2
Brossiers-Tabletiers	11	5
Bûcherons.	84	51
Carriers	6	3
Céramique.	24	12
Chapeliers.	30	8
Charpentiers	15	3
Syndicat national des Chemins de fer	176	15
Chauffeurs-Mécaniciens	8	2
Confection militaire	10	3
Coiffeurs	39	10
Cuirs et Peaux	57	26
Dessinateurs	5	..
Employés.	85	22
Gantiers	6	
Magasins administratifs de la Guerre	14	1
Personnel civil des Etablissements de la Guerre.	23	3
Habillement	45	14
Horticulture	9	3
Inscrits maritimes	49	4
Lithographie	39	17
Livre	163	54
Maçonnerie en Pierre.	120	56
Maréchaux	7	2
Marine de l'Etat.	9	9
Mécaniciens	53	15
Menuisiers.	22	13
Métallurgie	172	114
Mireurs	23	11
Modeleurs-Mécaniciens	7	4
Mouleurs	78	28
Municipaux	34	8
Papier	24	8
Pelletiers-Fourreurs	6	4
Peintres	41	15
Ports et Docks	61	10
Postes, Télégraphes. Téléphones	93	9
Presses typographiques	6	6
Sabotiers	16	10
Sellerie-Bourrellerie	9	3
Tabacs	25	15
Teinturiers	6	1

FÉDÉRATIONS	NOMBRE DE SYNDICATS	SYNDICATS ABONNÉS
Textile.	104	47
Tonneau	47	11
Transports en commun	33	18
Manutentions diverses	28	15
Verriers	46	29
Voiture	32	13

Le développement de la *Voix du Peuple*

Au cours de la campagne d'agitation qui a eu pour aboutissant le mouvement gréviste du 1er mai, il a été donné à tous les militants de regretter l'insuffisante périodicité de la *Voix du Peuple*. Plus que jamais, en ces moments de suractivité, a été désiré un organe de périodicité plus rapprochée.

Il faut bien avouer que, tant que ces désirs resteront imprécis et vagues, aucune modification dans la périodicité de la *Voix du Peuple* ne pourra être examinée. Le meilleur, pour atteindre ce but, serait de développer le journal dans sa forme actuelle : accroître sa vente, augmenter son nombre d'abonnés.

La *Voix du Peuple* devrait être en vente dans toutes les Bourses du Travail, — et elle n'est vendue que dans peu ! — D'autre part, le tableau ci-dessus indique combien nombreux sont encore les syndicats non abonnés.

C'est dans ces deux ordres d'idées — développer la vente et les abonnés — que doivent converger les efforts. Cependant, outre cela, il y aurait possibilité de s'engager dans une voix dont, au 1er mai dernier, la Bourse du Travail de Brest a démontré, expérimentalement, le côté pratique.

La Bourse du Travail de Brest, désireuse d'avoir un organe à elle, a préféré, au lieu de créer un petit journal local, s'aboucher avec nous pour avoir une édition spéciale de la *Voix du Peuple*, pouvant tenir avantageusement lieu de cet organe local. En conséquence, pendant trois numéros, nous avons publié une édition régionale pour le Finistère avec changement de toute la quatrième page. La mise en état de siège de Brest, au 1er mai et l'arrestation des militants de la Bourse du Travail, a momentanément suspendu cette publication.

L'expérience n'en est pas moins concluante. L'accueil fait à cette édition régionale indique que ce qui a été possible dans le Finistère, peut l'être en d'autres régions, — et ce, avec des avantages pour les camarades de la région. — N'est-il pas évident que, typographiquement, il y a, la plupart du temps, davantage de matière dans une page de la *Voix du Peuple* que dans certains organes de Bourses du Travail ? Donc, le camarade qui recevrait un journal contenant, en quatrième page, le contenu de l'organe de sa Bourse du Travail et, en les trois autres, le meilleur de la *Voix du Peuple*, ne perdrait pas au change.

La mise en pratique de ce mode de publication serait, aujourd'hui, d'autant plus facile que les organisations syndicales ont leur imprimerie à la *Maison des Fédérations*.

Cependant, il faut se rendre compte que les organisations ayant un organe à elles, aient de l'hésitation à lui substituer une édition particulière de la *Voix du Peuple*, malgré les avantages qui en pourraient résulter au point de vue de la propagande. On peut pourtant supputer quel puissant organe pourrait se réaliser si toutes les sommes utilisées à publier des organes locaux l'étaient à faire paraître la *Voix du Peuple* dans les formes indiquées ci-dessus.

Quoique cela, ce qui est possible, c'est que les organisations qui n'ont pas encore d'organe et qui désirent en créer un, examinent la proposition d'une édition de la *Voix du Peuple*. Il ne s'agit plus, en ce cas, de supprimer un organe existant, pour lequel on a de l'attachement, mais de choisir un mode de publication permettant une plus intense propagande.

Sur ce point, le Congrès pourra donner une indication, mais en dernier ressort la solution relèvera, évidemment, des organisations intéressées.

Il nous faut, ici, en conclusion, réitérer les critiques présentées précédemment : il est regrettable de constater que soit si lent le grandissement de la *Voix du Peuple*.Les travailleurs syndiqués ne s'intéressent pas assez à sa vitalité, n'aident pas suffisamment à son développement. Il nous suffira de rappeler, à ce propos, qu'au cours de l'année 1905, une nouvelle tentative fut faite pour mettre le journal en vente dans les kiosques de Paris. Or, au bout de quelques mois d'expérience coûteuse, il fallut y renoncer. Et pourtant, pour que ce service put se continuer, sans déficit, il eût suffi qu'un millier de syndiqués achetassent régulièrement la *Voix du Peuple*.

Connaissant le point faible, tâchons d'y remédier. Telle qu'elle est, la *Voix du Peuple* a rendu et rend de grands services ; sa besogne de propogande économique est excellente. A nous, de faire effort pour perfectionner et rendre plus puissant et plus efficace cet outil de propagande.

Pour la Commission du Journal :

Le Secrétaire :

Emile POUGET.

Recettes du Journal

RAPPORT FINANCIER DU JOURNAL

du 1er Juin 1904 au 31 Mai 1905

MOIS	ABONNÉS	VENTES au Bureau	VENTES Paris	VENTES départements et extérieur	VENTES par Hachette	NUMÉROS exceptionnels	SOUSCRIPTION	TOTAUX
1904 Juin	1.092 15	47 35	101 55	204 75	146 60	» »	» »	1.592 40
Juillet . . .	685 15	36 05	20 35	240 »	119 90	» »	» »	1.115 45
Août . . .	858 45	43 65	54 55	543 70	134 40	14 »	» »	1.678 55
Septembre .	807 85	41 20	44 55	123 65	94 65	14 »	» »	1.419 90
Octobre . .	517 »	51 65	11 95	430 55	112 »	216 70	» »	1.339 85
Novembre .	732 50	26 50	45 60	468 05	177 20	555 »	» »	2.004 85
Décembre .	1.945 15	18 75	21 63	328 85	125 »	102 05	» »	2.541 45
1905 Janvier . .	2.052 65	26 25	23 45	401 25	111 25	596 80	» »	3.211 65
Février . .	1.370 25	24 50	70 30	518 70	179 40	24 50	» »	2.187 85
Mars . . .	1.121 15	25 70	14 25	434 70	152 45	7 »	» »	1.755 25
Avril. . .	997 40	23 85	57 10	449 45	91 10	820 05	» »	2.458 95
Mai . . .	1.220 50	13 50	55 50	544 20	195 40	471 30	» »	2.500 40
	13.400 20	386 90	520 80	4.687 85	1.639 35	2.821 40	»	23.506 55

du 1er Juin 1905 au 31 Mai 1906

MOIS	ABONNÉS	VENTES au Bureau	VENTES Paris	VENTES départements et extérieur	VENTES par Hachette	NUMÉROS exceptionnels	SOUSCRIPTION	TOTAUX
1905 Juin	1.188 50	7 70	37 »	458 25	152 25	163 10	» »	1.976 80
Juillet . . .	928 60	14 50	127 20	456 25	135 80	1 50	» »	1.666 85
Août . . .	955 30	10 65	94 95	492 95	228 05	» »	» »	1.786 90
Septembre .	628 70	29 45	15 25	549 80	110 40	5 »	» »	1.389 60
Octobre . .	568 05	24 »	32 50	396 70	123 45	56 »	» »	1.508 45
Novembre .	1.421 70	30 25	» »	495 75	181 25	340 45	» »	2.194 45
Décembre .	1.651 50	32 »	128 15	351 25	152 90	65 50	» »	2.315 80
1906 Janvier . .	1.588 20	30 25	10 75	383 95	229 20	5 »	» »	2.247 35
Février . .	1.098 75	28 40	20 85	273 25	165 65	404 65	» »	1.991 55
Mars . . .	1.062 25	35 »	32 25	355 85	154 60	28 »	» »	1.667 95
Avril. . .	1.191 85	45 »	24 60	315 70	127 15	1.131 45	» »	2.835 75
Mai . . .	1.205 50	19 »	455 60	517 35	215 55	288 25	298 80	3.090 05
	13.596 90	306 20	979 10	5.047 05	1.954 25	2.488 90	298 80	24.674 20

Dépenses du Journal

du 1er Juin 1904 au 31 Mai 1905

MOIS	FRAIS de Bureau	APPOINTE-MENTS	FRAIS			PROPAGANDE et Publicité	LOYER et Installation	PROCÈS	TOTAUX
			d'Impression	d'Expédition	des Nᵒˢ exceptionnᵉˡˢ				
1904 Juin	84 »	395 »	728 95	296 60	» »	» »	» »	» »	1.504 55
Juillet	62 50	330 »	863 95	371 60	» »	» »	» »	» »	1.650 05
Août	100 40	415 »	846 »	376 05	» »	» »	» »	» »	1.737 45
Septembre	93 50	415 »	294 40	297 30	» »	» »	» »	» »	1.100 20
Octobre	76 05	350 »	834 80	293 30	20 75	» »	» »	» »	1.574 90
Novembre	102 15	330 »	943 »	276 »	400 15	» »	» »	» »	2.071 30
Décembre	110 55	395 »	1.155 70	353 30	155 »	» »	» »	» »	2.169 55
1905 Janvier	239 45	410 »	1.469 85	298 70	367 »	» »	» »	» »	2.785 »
Février	133 »	400 »	1.187 25	310 60	117 25	» »	» »	» »	2.148 10
Mars	98 65	425 »	698 80	382 35	» »	» »	» »	» »	1.604 80
Avril	272 40	400 »	1.090 15	317 35	516 60	» »	» »	» »	2.596 70
Mai	161 90	400 »	1.630 05	347 65	20 »	» »	» »	» »	2.579 60
	1.534 55	4.705 »	11.764 90	3.921 »	1.596 75	0 »	» »	» »	23.522 20

du 1er Juin 1905 au 31 Mai 1906

MOIS	FRAIS de Bureau	APPOINTE-MENTS	FRAIS			PROPAGANDE et Publicité	LOYER et Installation	PROCÈS	TOTAUX
			d'Impression	d'Expédition	des Nᵒˢ exceptionnᵉˡˢ				
1905 Juin	148 05	445 »	1.108 05	406 30	267 70	» »	» »	» »	2.375 70
Juillet	140 80	400 »	1.202 15	308 »	3 »	» »	» »	» »	2.053 95
Août	133 80	400 »	959 95	292 60	48 »	» »	» »	» »	1.804 35
Septembre	41 60	175 »	1.151 55	351 65	19 »	» »	» »	» »	1.738 80
Octobre	28 15	325 »	564 80	217 35	281 55	» »	» »	» »	1.416 85
Novembre	136 50	425 »	1.248 95	367 90	» »	» »	» »	» »	2.178 35
Décembre	218 90	675 »	863 85	353 80	71 90	» »	223 70	» »	2.417 15
1906 Janvier	225 10	400 »	805 40	285 30	» »	» »	145 60	» »	1.861 40
Février	264 50	315 »	935 05	210 90	294 55	» »	» »	58 65	2.078 65
Mars	170 20	385 »	769 85	362 55	10 75	236 55	» »	» »	1.934 90
Avril	41 95	121 75	957 15	389 45	333 55	» »	331 95	» »	2.175 80
Mai	224 50	600 »	1.430 »	353 75	442 65	56 »	80 »	» »	3.186 90
	1.774 65	4.666 75	11.996 75	3.909 55	1.742 65	292 55	781 25	58 65	25.222 80

Bilan du Journal du 1er Juin 1904 au 31 Mai 1906

RECETTES			DÉPENSES		
Abonnements	26 977	10	Frais d'impressions.	23.761	65
Vente Province	9.734	90	Appointements	9.371	75
Vente Paris	1.499	90	Frais d'expédition	7.830	55
Vente Bureaux	693	10	Frais numéros exception-		
Vente Hachette	3.643	60	nels.	3.339	40
Vente numéros exception-			Frais de bureaux et divers.	3.309	20
nels.	5 310	30	Propagande et publicité.	292	55
Souscriptions	298	80	Loyer et installation	781	25
	48 177	70	Procès	58	65
En caisse au 31 mai 1904	1.295	55		48 745	»
			En caisse au 31 mai 1905	728	25
	49.473	25		49 473	25

La publication des tableaux comparatifs des recettes et des dépenses, nous dispense de donner un détail des chapitres du bilan. Toutefois, nous devons faire remarquer que l'encaisse au 31 mai 1904, est supérieure à celle du 31 mai 1906. Quelques explications sont donc indispensables.

A l'arrêt des comptes de 1904, le journal devait à l'imprimeur quatre numéros, soit environ 600 francs, payés en juin 1904. Nous ne devons, à l'arrêt des comptes, fin mai 1906, que deux numéros, soit une différence de 300 francs.

Sur le chapitre *appointements*, le journal eût à payer le trésorier à 50 francs par mois depuis le 1er janvier 1905, soit, pour 17 mois, 850 francs. Depuis quelque temps, nous avons réalisé une économie sur le pliage et l'expédition du journal, cela nous a permis de couvrir les dépenses supplémentaires occasionnées par les absences du secrétaire du journal et du trésorier ; l'impression des bandes pour tous les abonnés et une augmentation assez sensible de frais d'impression, depuis notre départ de l'imprimerie de la Presse. Un essai de vente dans les kiosques, à Paris, a coûté environ 700 francs. La saisie du numéro du Conseil de revision 1906 a été aussi une cause de diminution de recettes.

Nous ne faisons pas entrer en ligne de compte les dépenses pour la propagande (service du journal à des organisations non abonnées), elles balancent une recette *souscription*, don généreux d'un ami du journal.

Notre exclusion de la Bourse du travail, rue du Château-d'Eau, nous a obligé à acheter du mobilier, à payer notre chauffage et éclairage et diverses dépenses d'installation et de déménagement se montant à plus de 70 ofrancs. Nous devons dire aussi que la Bourse du travail de Brest a contracté une dette de 333 francs qu'elle n'a pas pu nous régler à cause de l'incarcération des membres de son Conseil et sa fermeture. L'Union des syndicats du département de la Seine nous doit aussi 280 francs pour numéros du tirage au sort et du départ de la classe. Quelques organisations et correspondants restent devoir au total : 400 francs pour achat de numéros exceptionnels.

En résumé, si nous tenons compte des dépenses occasionnées par notre départ des locaux préfectoraux de la rue du Château-d'Eau, la saisie du numéro spécial du tirage au sort de 1906, essai de vente dans les kiosques de Paris, et des sommes qui nous restent dues, la situation financière du journal peut apparaître à tous comme satisfaisante.

Le Trésorier,

A. LÉVY.

RAPPORT FINANCIER

DE LA

Commission des Grèves et de la Grève générale

Bilan de la Commission des Grèves et de la Grève Générale
du 1ᵉʳ Juin 1904 au 30 Septembre 1905

RECETTES		DÉPENSES	
Cotisations	960 55	Correspondance . . .	206 55
Brochures	58 40	Délégations . . .	458 70
		Divers et Postaux . . .	178 65
		Imprimés.	276 »»
	1.018 95		1.119 90
En caisse le 31 mai 1904 .	159 60	En caisse le 30 sept. 1905 .	58 65
	1 178 55		1.178 55

Recettes

Brochures. — Quelques paiements arriérés de brochures « Grève générale, réformiste et révolutionnaire ».

Cotisations. —Versements de la section des Fédérations se montant à 248 fr. 25, du 1ᵉʳ juin 1904 au 28 février 1905 ; versements de la section des Bourses se montant à 190 fr. 60, du 1ᵉʳ juin 1904 au 28 février 1905. Le reste, quelques syndicats de la métallurgie et des sous-comités de Bourges, d'Albi, de Paris.

Dépenses

Correspondance. — Les envois de fonds aux grèves ; lettres d'envoi ; dépêches ; plusieurs circulaires appels aux grèves ; manifestes pour les Russes, 60 fr. 45 ; circulaires pour les mouleurs, 39 fr. 45 ; circulaires pour Villefranche et Limoges, 18 fr. 15, etc., etc.

Divers et postaux. — Confection, service de bandes ; travail de récapitulation de comptes de grèves ; colis postaux ; affichage manifestes russes ; expédition des diverses circulaires, etc.

Délégations. — Lévy à Sommedieu, 55 fr. 80 ; Honoraires avocat pour Verdun, 70 fr. ; Espanet à Issoudun, 19 fr. ; Lévy à Issoudun, 30 fr. ; Yvetot à Darnetal, 15 fr. ; Jacoby à Villedieu, 52 fr. 25 ; Griffuelhes à Lorient et Brest, 86 fr. 65 ; Beausoleil à Mouy, 30 fr.

Imprimés. — 20,000 bandes blanches, 22 fr. ; circulaires pour les agricoles, 20 fr. ; circulaires pour la grève de la Rhurr et la Russie, 106 fr. ; grèves Paris, circulaires, 52 fr. ; circulaires fondeurs, 19 fr. ; circulaires Villefranche et Limoges, 21 fr., etc., etc.

A partir du dernier Congrès et pour faciliter la comptabilité, les comptes de la Commission des Grèves et de la Caisse des Grèves, ont fait l'objet de deux comptabilités distinctes.

La somme de 273 fr. 25 qui formait l'encaisse au 31 mai 1904, a été versée dans les caisses respectives de la façon suivante, comme le bilan l'indique : 159 fr. 60 à la caisse de la Commission des Grèves et 113 fr. 65 à la Caisse des Grèves.

Par décision du Comité confédéral, l'encaisse de la Commission des Grèves, à la date du 30 septembre 1905, soit 58 fr. 65, a été versé à la section des Fédérations. A partir de cette époque, ladite section prend à sa charge les diverses dépenses de cette Commission, mais, en échange, reçoit les versements qui pourraient parvenir pour la propagande ou pour paiement de brochures.

Bilan de la Caisse des Grèves du 1er Juin 1904 au 31 mai 1906

RECETTES		DÉPENSES	
Souscriptions aux grèves .	37.488 95	Versement aux grèves . .	36.566 75
	37.488 95		36.566 75
En caisse le 31 mai 1904 .	113 65	En caisse le 31 mai 1906 .	1 035 85
	37.602 60		37.602 60

L'encaisse de 1,035 fr. 85 est le reliquat de la souscription en faveur des grévistes des 8 heures, réparti quelques jours après la clôture des comptes par la Commission des huit heures.

Le Trésorier.

A. LEVY.

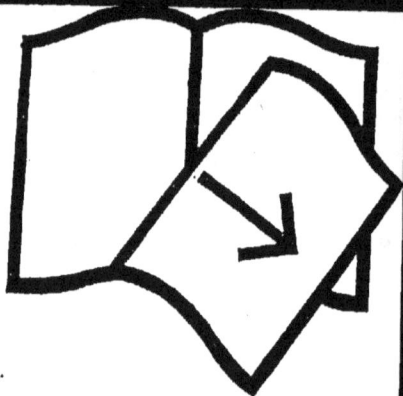

Documents manquants (pages, cahiers...)
NF Z 43-120-13

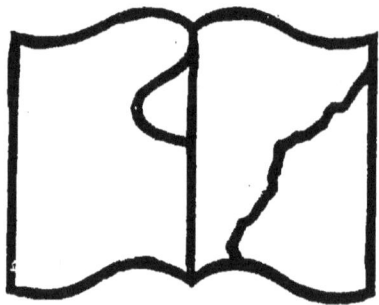

Texte détérioré — reliure défectueuse
NF Z 43-120-11

www.ingramcontent.com/pod-product-compliance
Lightning Source LLC
Chambersburg PA
CBHW071302200326
41521CB00009B/1874